Reinhart Staats

Die Reichskrone

Geschichte und Bedeutung eines europäischen Symbols

Mit 21 Abbildungen

Vandenhoeck & Ruprecht
in Göttingen

CIP-Titelaufnahme der Deutschen Bibliothek

Staats, Reinhart:
Die Reichskrone : Geschichte und Bedeutung eines europäischen Symbols / Reinhart Staats. – Göttingen : Vandenhoeck und Ruprecht, 1991
ISBN 3-525-36226-9

Printed in Germany
Schrift: Palatino
Gesamtherstellung: Hubert & Co., Göttingen

Vorwort

In den Sommermonaten bewundern Tausende allwöchentlich die Reichskrone in der Weltlichen Schatzkammer der Wiener Hofburg. Eine allgemeine Erklärung tut not, die vor allem den christlichen Sinn dieser wohl schönsten Insignie des alten Heiligen Römischen Reiches erschließt. Nun ist die Reichskrone zwar von historischer und kunsthistorischer Seite gründlich untersucht worden, aber jedem ihrer Betrachter muß von vornherein einleuchten, daß dieses Kunstwerk – man achte nur auf das Stirnkreuz und die Christusplatte vorn zur Rechten – wesentlich einen christlichen Sinn hat. Daher ist besonders der Historiker der Christentumsgeschichte gefordert, dem heutigen Betrachter der Reichskrone eine Hilfreichung an die Hand zu geben, die ihm diesen christlichen Sinn erschließen soll. Das kann freilich nur geschehen, indem die Forschungsergebnisse der Historiker und Kunsthistoriker zugrunde gelegt werden.

Es herrscht heute weithin Übereinstimmung darin, daß die Reichskrone in die ottonische Zeit und damit auch in die frühe deutsche Kirchengeschichte gehört. Mit ihrer geheimnisvollen Symbolik ist sie, wie die mittelalterliche Krönungsliturgie sagt, ein „herrliches Zeichen" (signum gloriae), das die ottonisch-salische Reichskirche im zehnten und elften Jahrhundert vor der epochalen Wende des Investiturstreites repräsentiert. Es war eine Zeit, in der Kirche und Staat, Theologie und Politik offensichtlich untrennbar miteinander verbunden waren. Diese Erklärung der Reichskrone möchte daher ihren Betrachter zugleich auch in eine Zeit der Christentumsgeschichte einführen, in der Sakrales und Weltliches, christliche Religion und politische Weltanschauung noch fest zusammengehörten. Nun liegt freilich zwischen dem Zeitalter der Ottonen und der Gegenwart eine tausendjährige Geschichte, die immer auch ein neues Verständnis der Reichskrone mit sich brachte. Aber auch die populären und von einem jeweiligen Zeitgeist beherrschten Auffassungen – besonders anschaulich im sogenannten „zweiten" und „dritten" Reich deutscher Geschichte – machen in ihrem irregeleiteten Verständnis der Reichskrone zumindest dieses deutlich, daß die schönste Insignie des Heiligen Römischen Reiches bis zum Jahr 1945 auch ein Symbol deutscher Politikgeschichte und deutscher Rechtsgeschichte war.

Die zeitbedingten Veränderungen in Politik, Philosophie und Theologie geben neue Denkanstöße und neue Perspektiven, um die Reichskrone nicht nur in ihrer Geschichte, sondern auch in ihrem Symbolwert heute besser zu verstehen. So nötigt die Erinnerung an den 1938 erzwungenen Anschluß Österreichs an das damalige „Dritte Reich", auch an den Ursprung der gemeinsamen Geschichte Österreichs mit dem deutschen Reich zu erinnern, der in der ottonischen Zeit liegt, als diese Reichskrone geschaffen wurde. Wir sind genötigt zu fragen, ob man 1938, als die Losung ausgegeben wurde „Ein Volk, ein Reich, ein Führer", berechtigt war, sich auf das Heilige Römische Reich und seine Insignien zu berufen. Auch nötigt die Erinnerung an den Kriegsausbruch 1939 zu einer Auseinandersetzung mit dem Reichsgedanken damals. Immerhin wurde der zweite Weltkrieg von einem großdeutschen „Reich" und seinem Führer verantwortet.

Nach dem 9. November 1989, nachdem die Ost und West zerteilende Mauer kein Zeugnis politischer Gewalttat mehr war, sondern wie ein Freiluftmuseum zum fröhlichen Besteigen einlud, wurde im Ausland, aber auch bald in Deutschland vor einem neuen, nun „vierten" Reich gewarnt. Auch diese Warnung will bedacht sein. Aber auch die in der gegenwärtigen Philosophie und Theologie geführte Diskussion über den Mythos und das Symbol nötigt danach zu fragen, ob die Reichskrone Ausdruck eines christlichen Mythos oder einer christlichen Symbolik ist.

In diesem Jahr 1991 gedenken wir des tausendjährigen Todestages der Kaiserin Theophano, der Gemahlin Ottos II. und Mutter Ottos III., die im Alter von kaum 35 Jahren nach einer politischen Mission in Italien am 15. Juni 991 im holländischen Nimwegen starb. Kaiserin Theophano wurde auf ihren Wunsch bestattet in der Kölner Kirche St. Pantaleon, einer Gründung des Erzbischofs Brun von Köln, zu dessen Politik und Theologie die geistige Aussage der Reichskrone auffallend paßt und der tatsächlich erreicht hatte, daß sich das ottonische Reich nach Byzanz und überhaupt nach Osten öffnete. Auch daher wird schließlich unsere Erkenntnis bestätigt werden, daß die Reichskrone eigentlich ein europäisches und ein ökumenisches Symbol ist.

Kiel, im Januar 1991 Reinhart Staats

Inhaltsverzeichnis

I

Orte und Zeiten der Reichskrone

DIE REICHSKRONE ist auf Grund des ihr seit den napoleonischen Kriegen zugewiesenen Aufbewahrungsortes in der Wiener Hofburg zur „Wiener" Reichskrone geworden. Gleichwohl hieß sie früher und längere Zeit die „Nürnberger Krone". Denn wegen des der Reichsstadt Nürnberg im Jahr 1424 verliehenen und bis zum Jahr 1796, also fast vierhundert Jahre ausgeübten Privilegs, Hort des Reichsschatzes zu sein, hatte die Stadt Nürnberg ein gewisses Anrecht auf diese Krone. Mit Heiliger Lanze, Reichsapfel, Zepter, Reichskreuz, Reichsschwert und anderen Reichskleinodien zählt die Reichskrone zu den Reichsinsignien, die das alte Reich in der Mitte Europas, das von 962 bis zum Jahre 1806 Bestand hatte, als ein christliches „Heiliges Römisches Reich" charakterisierten. Wer Kaiser dieses Reiches sein wollte, mußte über diese Insignien verfügen. Europa hatte – und hat bekanntlich bis heute! – keine Hauptstadt. Doch wo immer große, die Reichseinheit garantierende Ereignisse stattfanden, Königskrönungen und Kaiserkrönungen in Rom, Aachen, Mainz, Bonn, Regensburg, Augsburg und Frankfurt am Main, verlieh die Anwesenheit der Reichsinsignien dem Reiche Recht und Gewalt.

Wenn es noch heute keine europäische Hauptstadt gibt, so hängt das damit zusammen, daß es gerade im Zentrum des mittelalterlichen Europa, also auf deutschem Gebiet, von Anfang an keine königliche oder kaiserliche Residenz gab. Der König und Kaiser zog von einer seiner Pfalzen zur anderen. Sein „Reisekönigtum" war besonders im frühen Mittelalter ganz üblich, weshalb die bewegte Geschichte der Reichskrone an der bewegten Geschichte ihrer Träger schon im zehnten und elften Jahrhundert teilhatte. Die Ursachen dieses Reisekönigtums sind zunächst nicht nur staatspolitischer, sondern auch ökonomischer Art gewesen; denn der Herrscher mußte sich mit seinem Gefolge von seinen verstreuten Königsgütern ernähren. Doch liegt wohl auch ein ideeller Sinn zugrunde. Wir wissen, daß der Kaiser in Klöstern und Stiften, zumal in seinen Reichsabteien, zu geistlicher Erbauung und Zuspruch einkehrte. Auch das Vorbild des wandernden Christus mag, modern gesprochen, wie ein geistiger „Überbau" die Reisetätigkeit des Herrschers ideologisch motiviert haben. Kaiser

Abbildung 1
Stirnplatte mit Christusplatte („Majestas Domini")

Konrad II. (1024–1039) wurde „Stellvertreter Christi" genannt. Doch schon in der Krönungsliturgie aus ottonischer Zeit, im „Mainzer Ordo" (vor 980), taucht indirekt der Titel des „Vicarius Christi" auf, da es dort in den Gebeten heißt, er sei „typus" und „exemplum" Christi und da das Krönungsgebet mit der Weisung schließt: „Dir wird anvertraut, den Namen und das Stellvertreteramt Christi zu tragen." Das christliche Wandermotiv geht deutlich aus dem unmittelbar vorangehenden Gebet hervor, das der Mainzer Erzbischof bei der Übergabe des „Zepters und Stabes" (sceptrum et baculum) spricht. Hier wird der Herrscher zur Nachahmung des guten Hirten Christus verpflichtet, und diese Nachahmung Christi soll gerade bei der Rechtspflege draußen im Lande geschehen: „Nimm hin das Zepter der Tugend und des Rechtes. Daran mögest du erkennen, wie die Frommen zu schonen und die Frechen zu strafen sind, wie den Verirrten Weg zu weisen, den Gefallenen die Hand zu reichen und die Hochmütigen zugrunde zu richten und die Demütigen aufzurichten sind. Und es möge dir die Tür Jesus Christus, unser Herr, erscheinen, der von sich sagt, ‚ich bin die Tür, wer zu mir eingeht, der wird errettet werden' (Johannesevangelium 10, 9) . . . und in allen Dingen mögest du ihm nachfolgen dürfen, von dem Prophet David gesungen hat: ‚Dein Thron, Gott, bleibt immer und ewig, das Zepter deines Reiches ist ein gerechtes Zepter' " (Psalm 45, 7). Natürlich macht die gottesdienstliche Liturgie auf den modernen Menschen oft einen fernen, fremden und unwirklichen Eindruck. Aber wenn man weiß, wie realistisch und aktuell im Mittelalter die Sprache der Liturgie empfunden wurde, wird einem klar, daß so eine Krönungsliturgie auch eine wichtige Quelle für vorherrschende politische und verfassungsrechtliche Anschauungen sein kann.

Nun stellt sich dem historisch kundigen Betrachter die Reichskrone als eines der ältesten, schönsten und bedeutsamsten Stücke der Reichsinsignien dar. Geschaffen wurde sie, wie heute allgemein angenommen wird, in den Jahren 961 bis 967 in einer westdeutschen Goldschmiede im Raum Köln/Essen. Diese kunsthistorisch-materialtechnische Datierung und Lokalisierung kann durch theologiehistorische Beobachtungen bestätigt werden. Demnach ist das aus der Reichskrone ersichtliche theologische Programm die ästhetische Ausprägung einer theologisch begründeten Politik am ottonischen Hofe in den Jahren 961 bis 967. Der Auftraggeber der Reichskrone, der die aus ihr sprechenden christlichen Wertvorstellungen in seiner eigenen Politik auch verwirklichte, war sehr wahrscheinlich der höchste Geistliche im ottonischen Reich, der Reichsbischof Brun von Köln, ein Bruder Ottos des Großen. Erzbischof Brun stand in enger Verbindung mit Benediktinermönchen der seit 933 weit wirkenden Gorzer Klosterreform. Daher ist von vornherein zu bedenken, daß auch der Geist eines benediktinischen Reichsidealismus, der beispielhaft bei den Trierer Mönchen in St. Maximin lebendig war, in dieser Krone zu Gold und Edelstein geworden ist. Der Lehrer und geistliche Ratgeber Bruns war ein Mönch in der Trierer Reichsabtei St. Maximin. Von diesem Benediktinerkloster aus sollten dann auch die ersten Mönche auf die Missionsreise in die Länder jenseits der Elbe gehen. Von Trier kamen die Mönche, die das Magdeburger Moritzkloster seit 937 füllten. Magdeburg wurde seit 968 als Erzbistum das Tor zur Mission des Ostens. Erzbischof Brun umgab sich in Köln auch gern mit griechischen Gelehrten und Künstlern, und Kaiserin Theophano, die aus Konstantinopel stammende und seit 972 mit Otto II. vermählte Fürstin, suchte gern die Nähe zu Erzbischof Brun. Daher ist der byzantinische Einfluß in der Krone sehr gut aus ihrer westdeutschen Herkunft zu erklären, wo in den Reichsstiften und Klöstern dieser Einfluß allgemein stark war. Dabei ist vor Trier und Köln besonders der Raum des heutigen Essen mit der Reichsabtei Werden als Ursprungsort der Reichskrone in Betracht zu ziehen. Denn bei einigen, im alten ottonischen Damenstift im heutigen Essener Münster aufbewahrten Goldschmiedearbeiten wurde eine mit der Reichskrone sehr verwandte Verarbeitungstechnik nachgewiesen. In der nahegelegenen Reichsabtei Werden an der Ruhr ist auch sonst der Ausgangspunkt mancher großer Werke der europäischen Kulturgeschichte zu vermuten: die in der sächsischen Missionsgeschichte berühmte Evangelienharmonie des „Heliand“ könnte dort entstanden sein, und sicher weist die älteste Spur der gotischen Bibelübersetzung, der heute in Uppsala liegenden „Silberbibel" zurück in die Reichsabtei Werden an der Ruhr.

Wie so oft bei Gegenständen der bildenden Kunst ist eine absolute, jedes Gegenargument ausschließende Datierung und Lokalisierung auch hier natürlich nicht möglich. Eindeutige Wortzeugnisse begegnen erst im zwölften Jahrhundert (Walther von der Vogelweide), und eindeutige Abbildungen der Reichskrone begegnen sogar erst im Ausgang des Mittelalters. Um so beachtenswerter ist eine Reihe früher indirekter Wort- und Bildzeugnisse. Die Forschung hat sehr verwandte Dokumente und Monumente beigebracht, die ins zehnte Jahrhundert zurückgehen (Decker-Hauff, Fillitz, Schramm, Staats, Wolf u. a.). Aber selbst der so wichtige formale Werkstättenvergleich darf bei der Datierung nicht ausschlaggebend sein, weil immer auch eine unvergleichbare Originalität eines Kunstwerks für möglich gehalten werden muß. Bekanntlich können große Künstler und große Werkstätten ihrer Zeit voraus sein. Sie können Schüler und Schulen haben, die dann wesentlich jünger sein können. Auch muß bei einer rein formalen, werkstattbezogenen Datierung gerade bei der Reichskrone immer wieder in Erwägung gezogen werden, daß nicht jedes Detail ursprünglich sein muß, es kann ersetzt oder ergänzt worden sein. Denn gerade diese Krone war von Anfang an, zumal im frühen und hohen Mittelalter, nie ein stets abgeschirmtes und unberührtes Museumsstück, sondern ein ‚Staatssysmbol', das auf den Schauplätzen großer Politik anwesend war. Die Reichskrone war ja viel auf Reisen, war unter Volksmassen, geriet in klerikale und militärische Konflikte. Da mußte wohl manches Mal ein Stück von ihr erneuert werden. Jedoch die geistige Aussage dieser Krone, die sich aus ihrer Gesamtkomposition eines theologischen Programms wissenschaftlich erschließen läßt, weist eindeutig in die Zeit der Ottonen, also ins zehnte Jahrhundert. In keine kirchengeschichtliche Epoche paßt ihre christliche Aussage so gut wie in die der Ottonen. Selbst eine neueste Untersuchung (Schulze-Dörrlamm), die eine Entstehung der Reichskrone erst unter Konrad II. (1024–1038) behauptet, kann die Ähnlichkeiten mit einigen Werken der ottonischen Goldschmiedekunst nicht leugnen, und sie verzichtet bezeichnenderweise auf eine Auseinandersetzung mit Bild- und Wortzeugnissen aus dem zehnten Jahrhundert. Allein der mit bloßem Auge erkennbare stilistische Unterschied zwischen dem eindeutig späteren und tatsächlich Konrad II. gehörenden Kronenbügel und dem Kronenkörper läßt nur den Schluß zu, daß dieser älter ist als der Bügel. Auch ist zu beachten, daß seit Kaiser Otto III. (983–1002) in der ottonisch-salischen Herrscherauffassung zunehmend die Orientierung am alten römischen Reichsgedanken gesucht wird. Aber erst seit Konrad II. setzt sich die Bezeichnung „Imperium Romanum" für das ganze Reich durch. Auf einer Kaiserbulle Konrads II. ist der Mauerring der Stadt Rom abgebildet mit der Umschrift: „Roma caput mundi tenet orbis frena rotundi" (Rom, das Haupt der Welt, hält die Zügel des Erdkreises). Dementsprechend wird Konrad II. auf seinem, der Reichskrone nachträglich aufgesetzten Bügel ein „Romanorum Augustus Imperator" (Kaiser Augustus der Römer) genannt. Erst seit Konrad II. kann man also mit vollem Recht von einem „Heiligen Römischen Reich" in der Mitte Europas reden. Doch am ottonischen Hofe im zehnten Jahrhundert orientierte man sich an der altrömischen Vergangenheit noch nicht so sehr. Viel wichtiger war die Orientierung am neurömischen Byzanz. Gerade der Reichskrone, jedenfalls dem eigentlichen Kronenkörper, fehlt noch jede Anspielung auf das „goldene Rom". Ein früherer Versuch, die altrömische Quadrata, also die viereckige Stadtstruktur des alten Rom, im Oktokon als einem verschobenen doppelten Quadrat zu finden, scheitert an der exklusiven christlichen Sinngebung der Zahl Acht und damit auch des Achtecks in karolingisch-ottonischer Zeit.

Gut möglich ist, daß die erste Krönung mit dieser Krone schon am Tage Mariä Lichtmeß, am 2. Februar 962, in der alten Peterskirche zu Rom geschah, als Papst Johannes XII. den zum Schutz gegen italienische Widersacher um Hilfe gerufenen Otto zum Kaiser krönte. An jenem denkwürdigen Tage wurde das seit Karls des Großen Kaiserkrönung, Weihnachten 800, bestehende abendländische und christlich-römische Kaisertum erneuert. Damit war die weltpolitische Dimension des sächsischen Herrscherhauses, in Ansätzen schon bei Heinrich I. (918–936) und immer stärker bei seinem Sohn Otto I., der schon 951 bei Papst Agapit II. über eine Krönung zum Kaiser verhandeln ließ, im Jahr 962 zu einer vollendeten Tatsache geworden. Liutprand, ein für die deutschen Sachsen begeisterter Bischof von Cremona, meinte damals, daß mit Papst Johannes XII. eine verwerfliche Gestalt der Papstgeschichte diese Krönung vollzogen habe, ein jugendlicher, ungeistlicher Playboy, gegen den man sogar den Vorwurf der Anstiftung zur Kindsabtreibung bei seiner Geliebten erhoben hatte. Doch Kaiser Otto sollte seit diesem 2. Februar 962 in die Geschichte eingehen als der Begründer des Deutschen Reiches. Derselbe Liutprand berichtete, daß Otto damals von Papst Johannes „mit einem wunderbaren Ornat und neuartigen Insignien" (miro ornatu novoque apparatu) empfangen worden sei. Unter den gegebenen Umständen kann man sich gut vorstellen, daß dieser neue „Apparatus" nicht vom moralisch kleinen Johannes, sondern vom politisch großen Otto präsentiert worden war und daß zu diesem „Apparat" wohl auch die von Bruder Brun im fernen Deutschland geschaffene Krone gehört hatte, die also der Kaiser im Gepäck gleich mitgebracht hatte. Auch später sollte diese Krone zu einem Reichsschatz gehören, über den nur der Kaiser persönlich die Verfügungsgewalt besaß. Wo immer die Reichskrone war, dort war ja auch die heimliche Hauptstadt des Reiches.

Aus dem elften, zwölften und dreizehnten Jahrhundert können zahlreiche Daten und Orte der Reichskrone mit einiger Sicherheit behauptet werden. Immer wieder stammen sie aus Quellen, die von Thronwirren und epochalen Übergangszeiten in der Reichsgeschichte handeln. So ist zunächst von einem wilden Ereignis im Jahr 1002 zu berichten. Nachdem in diesem Jahr Kaiser Otto III. auf der italienischen Burg Paterno plötzlich im Alter von 22 Jahren gestorben war, wurde sein Leichnam mit den Reichsinsignien, dem letzten Willen des Kaisers entsprechend, nach Aachen überführt. Doch im bayerischen Polling lauerte der Bayernherzog Heinrich dem Zuge auf und eignete sich gewaltsam die kaiserlichen Insignien an, gegen den Protest des Kölner Erzbischofs. Heinrichs Staatsstreich wurde ausschlaggebend, um sein Anrecht auf die Kaiserwürde durchzusetzen, und wirklich ist er als Kaiser Heinrich II. (1002–1024) in die Geschichte der großen Deutschen eingegangen – und auch in die Kirchengeschichte. Denn die Stiftung und der Ausbau des Bistums Bamberg zu einem Missionszentrum für die slawischen Völker hat ihm den Namen des Heiligen eingetragen. In der Kirchengeschichte wurde Heinrich II. nach Kaiser Konstantin sogar der einzige Kaiser mit dem offiziellen Titel eines „Heiligen".

Sehr wahrscheinlich war die Reichskrone im Jahr 1073 auf der Harzburg. Der Salierkaiser Heinrich IV. erschien damals den sächsischen Fürsten als eine Bedrohung, weil er im norddeutschen Raum gar zu viele Burgen zu eigenem und des Reiches Schutz errichtete. So kam es zu einem Aufstand der Sachsen. In der Nacht vom 8. zum 9. August 1073, also wenige Jahre vor der bekannten Kirchenbuße Heinrichs vor Papst Gregor VII. zu Canossa (1077), mußte derselbe Kaiser vor seinen sächsischen Landsleuten fliehen, und, wie es in einer Chronik heißt, er nahm von der Harzburg mit „die Reichsinsignien und von seinen Schätzen so viele er konnte". Der Weg führte über den heute noch „Kaiserweg" genannten Waldweg unterhalb des Brocken-Berges nach Süden. Schließlich fanden Kaiser und Krone vorläufige Zuflucht in der Reichsabtei Hersfeld.

Mit dem zwölften Jahrhundert beginnt die Zeit mehrerer absolut gesicherter Daten der Reichskrone. Im Jahr 1105 wurde der alte Heinrich IV. in der Pfalz Ingelheim durch seinen eigenen Sohn der Insignien beraubt, was den Aufstieg seines Sohnes als Heinrich V. endgültig besiegelte. In den Jahren von 1105 bis 1125 war meist die Reichsveste Hammerstein am Rhein bei Neuwied Aufbewahrungsort der Insignien. Der kinderlose Kaiser Heinrich V., der letzte des salisch-ottonischen Herrscherhauses, hatte noch auf dem Totenbett in Utrecht am 23. Mai 1125 verfügt, daß sein Reichsverweser Herzog Friedrich von Schwaben (der Vater Kaiser Friedrich Barbarossas) die Reichsinsignien auf den Trifels in der Pfalz überführen sollte. Sicher ist, daß die Reichskrone unter den Staufern dann auch meist dort auf dem Trifels verwahrt wurde, 1125–1273. Eine gute Kopie kann man dort heute besichtigen. Für diese Zeit des beginnenden staufisch-welfischen Gegensatzes kommen zwischenzeitlich aber auch andere Aufenthaltsorte in Frage. So wissen wir, daß die Insignien im Jahr 1135, als sich der Staufer Friedrich von Schwaben und sein Bruder Konrad dem Sachsenkaiser Lothar III. (1125–1137) unterwarfen, in sächsische Obhut kamen, vermutlich wieder auf die Harzburg. Als Lothar III. am 4. Dezember 1137 auf dem Rückzug von Italien in Breitenwang in Tirol starb, übergab er dort die Insignien seinem Schwiegersohn, dem Welfen Heinrich dem Stolzen, der sie aber schließlich nach dem Sieg der staufischen Gegenpartei und der Thronerhebung des Staufers Konrads III. (1138–1152) wieder abgeben mußte, so daß sie wieder zum Trifels zurückkamen. Nach 1150 wurden die Insignien längere Zeit auch in der elsässischen Burg Hagenau gehütet. Im Jahr 1221 ist die Waldburg bei Weingarten am Bodensee als Aufenthaltsort bezeugt. Sie werden dort von Mönchen des Ordens der Prämonstratenser behütet. Ganz sicher ist schließlich, daß sie unter den Habsburgern von 1273 bis 1323 auf der Veste Kyburg bei Winterthur in der Schweiz bewacht wurde.

1314 werden die Reichskleinodien erstmals öffentlich dem Volk „gewiesen". Das geschah vom Münster in Basel aus. Der Habsburger Friedrich der Schöne wollte damit gegenüber seinem dann doch siegreichen Rivalen Ludwig von Bayern die Rechtmäßigkeit seiner Herrschaft demonstrieren.

1323 werden die Reichskleinodien an Ludwig den Bayern nach München übergeben. Bis 1350 befindet sich die Reichskrone in Obhut der Wittelsbacher zu München. Schließlich wird sie 1350 an Karl IV. übergeben, den Luxemburger. Sie kommt in die Burg Karlstein bei Prag. Seitdem werden die Reichskleinodien alljährlich von dort nach Prag überführt, wo einmal im Jahr, am Freitag der zweiten Woche nach Ostern, eine öffentliche Heiltumsweisung auf dem Karlsplatz stattfindet. Diese Heiltumsweisungen sind ein Beleg für die damals allgemeine Auffassung, daß die Insignien wie Reliquien angesehen werden. Seit den Luxemburger-Kaisern wird die Reichskrone auch auf Karl den Großen zurückgeführt. Erst die moderne Forschung sollte sie richtig wieder mit Otto dem Großen in Verbindung bringen.

Im Jahr 1421 werden die Insignien auf Veranlassung Kaiser Sigismunds, des anderen Luxemburgers, vom Karlstein abtransportiert, um vor dem Sturm der Hussiten geschützt zu werden. In abenteuerlicher Flucht gelangt die Krone über Ungarn nach Nürnberg. Vom 22. März 1424 bis zum Jahr 1796, also 372 Jahre lang, ist dann die Stadt Nürnberg die Hüterin des Reichsschatzes. Die Reichskleinodien werden aufbewahrt in der Nürnberger Heiliggeistkirche. Nach Prager Vorbild werden nun auch in Nürnberg die Insignien alljährlich bei Heiltumsweisungen dem Volk vorgestellt. Auf einem Gerüst gegenüber der Nürnberger Frauenkirche werden so die Insignien einer andächtigen Menge „gewiesen". Die Nürnberger Handelsmesse schließt sich daran an.

Ein für die Reformationsgeschichte wichtiges Datum ist auch für die Geschichte der Reichskrone wichtig. 1521 zieht bekanntlich Karl V. zum Wormser Reichstag ein, wo der Fall Martin Luthers schließlich zur Hauptsache wird. Da dies der erste Reichstag des neuen Kaisers Karl ist, müssen die Reichsinsignien selbstverständlich in Worms zugegen sein. Seit dem Wormser Reichstag 1521 werden, nach einer Urkunde, bei allen Überführungen die Steine auf „Kaiser Karls Krone" abgezählt, eine merkwürdige und geschichtsträchtige Notiz! Mit Einführung der Reformation in Nürnberg im Jahre 1523 entfallen dann die fortan als Götzendienst empfundenen Heiltumsweisungen. War bis dahin hauptsächlicher Krönungsort Aachen, so wird es fortan Frankfurt sein.

1796 befindet sich die Krone noch einmal auf einer abenteuerlichen Flucht, nun vor den Truppen der französischen Revolution. Nach Zwischenaufenthalten in Regensburg und Passau gelangen die Reichskleinodien schließlich nach Wien. Aber auch dort sind sie nicht sicher vor dem nach Kaiserwürden strebenden Napoleon, der sich als Nachfolger Karls des Großen fühlt. Als Napoleon im Jahr 1805 und dann noch einmal 1809 Österreich erobert, werden die Reichskleinodien in Ungarn versteckt. In diese Zeit fällt das Ende des heiligen römischen Reiches. Im Jahr 1806 verzichtet Franz II. von Habsburg

Abbildung 2
Reichskleinodien (Krone, Apfel, hl. Lanze, Kreuz, Reichsschwert, Zeremonienschwert) bei der Übergabe an die US-Army in einer Wohnstube (?), Mai 1945

auf die Kaiserwürde und legt somit symbolisch die Krone nieder. Das von 962, ja von 800, dem Jahr der Kaiserkrönung Karls des Großen, sich herleitende europäische Kaisertum, das seit Ottos des Großen Kaiserkrönung 962 sowohl geographisch als auch politisch auf deutschem Boden verwurzelt gewesen war, ist damit beendet.

In den unruhigen Jahren der Freiheitskriege ist der Aufenthaltsort der Krone nicht immer bekannt. Erst seit dem Jahr 1818 ruhen Krone und Reichskleinodien ungestört in der kaiserlichen Schatzkammer zu Wien, bis sie 1938 auf einmal die Nationalsozialisten auf Geheiß Adolf Hitlers nach Nürnberg rückführten. Die Nationalsozialisten haben sich ja ohne Rücksicht auf die christlichen Grundlagen der mittelalterlichen Reichsidee als Erben des mittelalterlichen deutschen Reiches verstanden. In den letzten Kriegsjahren war der Nürnberger Reichsschatz ausgelagert in einem Salzbergwerk in Grasleben bei Helmstedt. Amerikanische Soldaten haben ihn dort 1945 herausgeholt. Auf Anordnung der Alliierten wurde schließlich 1946 die Krone mit den Reichskleinodien wieder nach Wien zurückgebracht. Trotz einiger Rechtsstreitigkeiten zwischen Aachen, Nürnberg, und Wien über den legitimen Aufenthaltsort der Reichskleinodien, was sogar den Bundestag in Bonn beschäftigte, ist die weltliche Schatzkammer in der Wiener Hofburg dann doch bis heute der Bewahrungsort dieser kostbarsten Symbole des alten Reiches geblieben.

II

Wahrheit des Reichsmythos?

WIEN IST ORT der Reichskrone seit bald zweihundert Jahren, und überwiegend waren es ja auch Kaiser aus dem Hause Habsburg, von Rudolf I. bis Franz II., die das Heilige Römische Reich unter dieser Krone repräsentierten. Doch ist auch nach dem ‚geistigen' Ort der Reichskrone zu fragen. Was für eine Idee verbirgt sich hinter den ja doch nicht zufällig zusammengefügten vier Edelsteinplatten und den vier Bildplatten, auf denen Könige des Alten Testamentes und, vorn rechts, Christus als der König aller Könige abgebildet sind? Ist diese dem Gesamtprogramm der Krone zugrunde liegende Idee ein politischer Mythos, der vom Wirken Gottes in der Weltpolitik in einer Weise erzählt, die dem modernen aufgeklärten Menschen nur sehr fern und fremd, irrational und unlogisch vorkommen muß? Oder verbirgt sich im Edelstein- und Bildprogramm der Krone ein Symbol, das den Menschen auch noch im zwanzigsten Jahrhundert betroffen machen kann? Die heute unter Theologen und Philosophen geführte Diskussion über die Wahrheit des Mythos oder die Wahrheit des Symbols hätte an der Reichskrone und ihrer Geschichte ein konkretes Beispiel. Die Theologen, zumal protestantische Theologen, scheuen davor zurück, in einem Mythos eine bleibende Wahrheit zu erkennen. Um „Entmythologisierung" sogar des Neuen Testamentes war man nach 1945 in evangelischer Theologie bemüht (besonders nach Rudolf Bultmanns Entmythologisierungsprogramm 1941). Dagegen wird neuerdings von philosophischer Seite auf die „Wahrheit des Mythos" hingewiesen (Kurt Hübner), und es wird vor den Folgen einer radikalen protestantischen Bildfeindlichkeit gewarnt, so daß im Namen einer Entmythologisierung dann auch zweitausend Jahre christlichen Kults und christlicher Kunst zu „sündiger Weltverfallenheit" würden.

In diesem Zusammenhang konnte der Philosoph das Beispiel der Reichsinsignien nennen, die noch den gegenwärtigen Betrachter am Schaukasten der Wiener Schatzkammer innerlich berühren, ihm „mehr als Gold und Edelstein" bedeuten können, „genauso wie das Wasser, mit dem getauft wird, mehr als Wasser, der Meßwein mehr als Wein ist". Ja, manch heutiger Besucher der Schatzkammer mag sich heimlich gern eine vergangene Krönungsfeierlichkeit vor Augen ausmalen, so wie sich Goethe die fast schon allerletzte Kaiserkrönung mit dieser Krone, es war die Krönung Josephs II. 1764 zu Frankfurt, vorstellte: „Eine politisch-religiöse Feierlichkeit hat einen unendlichen Reiz. Wir sehen die irdische Majestät vor Augen, umgeben von allen Symbolen ihrer Macht; aber indem sie sich vor der himmlischen beugt, bringt sie uns die Gemeinschaft beider vor die Sinne . . ." (Dichtung und Wahrheit I, 5).

Wirklich dürfte der Begriff des Symbols in Anbetracht der Reichskrone angemessener sein, insofern ein Symbol etwas Umfassendes zum Ausdruck bringt, das uns auch heute noch umfassen, zumindest zu denken geben kann, so wie die kirchlichen Sakramente Taufe und Abendmahl für den Christen ja auch nicht ferne Mythen, sondern immer noch wirkliche Symbole darstellen und innerlich bewegen. Gerade die Christentumsgeschichte ist immer wieder eine Geschichte der Abgrenzung von Mythos gewesen. Große Mythen konnten dem Christentum immer wieder gefährlich werden, vom gnostischen Mythos des zweiten bis zum germanischen Mythos des neunzehnten und zwanzigsten Jahrhunderts. In der Geschichte dieses neugermanischen Mythos sollte die Reichskrone eine legitimierende Funktion erhalten. Es ist die Geschichte des Mißbrauchs eines Symbols durch einen Mythos.

An der neueren Geschichte einer Idee vom deutschen Reich als einem germanischen Großreich und an der in diese so phantastisch heidnische Geschichte hineingezogenen christlichen Kultur des Mittelalters durch ihre Präsentation als angeblich wesentlich deutscher Kultur läßt sich die Bedrohung der christlichen Kirche durch den Mythos exemplarisch veranschaulichen – eine Geschichte, die uns freilich, nachdem sie vor fast einem halben Jahrhundert abrupt und schrecklich zu Ende gegangen ist, heute manchmal schon sehr fern und fremd und gelegentlich sogar tragikomisch vorkommen kann. Zum Beispiel wurde die mittelalterliche christliche Gefolgschaft pervertiert zur bedingungslosen Gefolgschaft des Führers in der SS. Als 1938 die Reichskrone abgeholt wurde nach Nürnberg zum Zehnten Reichsparteitag der NSDAP – man sprach damals von der Heimführung der Ostmark ins Reich

Abbildung 3
Medaille: Wilhelm I. nach der Kaiserproklamation 1871

mitsamt den Reichskleinodien –, da standen die SS-Männer peinlich berührt vor ihrer deutschen Krone, weil darauf jüdische Könige des Alten Testaments abgebildet sind. Kurz vorher hatte man von Wien aus vergeblich versucht, die Insignien dort zu behalten, indem man gegenüber der nationalsozialistischen Berliner Führung das Argument der angeblich antideutschen „jüdischen" Könige auf der Reichskrone ins Spiel brachte. Die österreichische List gelang nicht. Die Krone wurde von Wien nach Nürnberg entführt.

In mittelalterlichen „Ordensburgen" sollte eine deutsche Rasseelite herangezüchtet werden. Mittelalterliche Kaiserdome wie in Braunschweig und Quedlinburg wurden zu Weihestätten deutscher Gläubigkeit. Die mittelalterliche Reichsstadt Nürnberg, einst Hort des Reichsschatzes, wurde nun in angemaßter Traditionspflege zur Stadt der Reichsparteitage. Und überhaupt wurde der Gedanke des Volkes, der im Mittelalter, so in der Krönungsliturgie der Ottonen, vor allem das christliche Volk, die Kirchengemeinde, meinte, zum Gedanken des deutschen Volkes. Der erst im Jahr 1442 auftauchende Name „Heiliges römisches Reich *deutscher Nation*", der zunächst nur „das in der deutschen Nation ruhende Imperium Romanum" (Schottenloher) bezeichnete, sollte im neunzehnten und dann erst richtig im zwanzigsten Jahrhundert ein nationalstaatliches Pathos beinhalten. Dieser Name sollte den älteren, eine europäische christliche Völkergemeinschaft bezeichnenden Namen „Heiliges Römisches Reich" fast verdrängen.

Schon im 19. Jahrhundert war also der Name „Heiliges römisches Reich deutscher Nation" zu einem Leitbegriff nationalistischer Geschichtsschreibung in deutschen Ländern, einschließlich Österreichs, geworden. In extremer kleindeutscher Reichsinterpretation hatte der preußische Hofprediger Adolf Stoecker sogar einmal von der Verwirklichung eines „heiligen evangelischen Reiches deutscher Nation" im Wilhelminischen Reich seit 1871 sprechen können. Überaus populäre Kunstwerke schon dieses „zweiten" deutschen Kaiserreiches bezeugen die moderne Mythisierung der mittelalterlichen christlichen Kaiseridee, und sie sind zugleich von kunsthistorischer Seite ein Beleg dafür, daß spätere nationalsozialistische Wahnvor-

Abbildung 4
Der schlafende
Kaiser Barbarossa,
Kyffhäuserdenkmal
1896

stellungen durchaus eine tiefe und breite Wurzel im deutschen Bürgertum hatten. – Einige Beispiele: Auf einer Medaille zur Reichsgründung 1871 winkt frohgemut eine „Germania" an Stelle jener Platte der Reichskrone, die auf dem Original die „Majestas Domini" darstellt. Folgenreich wurde dann auch, daß tatsächlich im Wappen des „zweiten", kleindeutsch-preußischen Reiches eine Kaiserkrone ganz ähnlich der alten Reichskrone abgebildet ist. Davon gibt es noch überall in Deutschland Kopien. Schöne Exemplare bietet der Schmuck auf der Berliner Weidendammer Brücke beim Bahnhof Friedrichstraße. Auch die Reichskrone des schlafenden Kaisers Barbarossa auf dem Kyffhäuserdenkmal von 1896 zeigt nur noch in der Form einer Plattenkrone eine Ähnlichkeit mit der alten Reichskrone. Eindrucksvolles Beispiel einer volkstümlichen Auffassung ist auch die Darstellung der Reichskrone auf dem Niederwalddenkmal von 1871–1883. Für die Finanzierung des Denkmals war im deutschen Volk jahrelang gesammelt worden, und als es schließlich fertig war, zeigte sich Bismarck entrüstet über die ihm sich allzu republikanisch und nationaldemokratisch von unten aufbauende Germania. Sie ist eine Mischung aus schlachten-jungfräulicher Walküre und der das Vaterland versinnbildlichenden deutschen Mutter, die mit triumphaler Geste die achteckige Krone des alten Reiches hoch hinausschwingt nach Westen zum Erbfeind Frankreich hin, wie eine Siegesbeute des deutschen Volkes. An dem Bildhauermodell der Germania des Niederwalddenkmals, das seit dem vorigen Jahrhundert in einem Museum in Dresden stand, wurde bei dem Dresden vernichtenden Bombenangriff 1945 gerade ihre kleine Reichskrone total zerstört.

In diesem Zusammenhang ist auch hinzuweisen auf das 1895–1897 entstandene Kaiser-Wilhelm Denkmal auf dem „Deutschen Eck" in Koblenz, am Zusammenfluß von Rhein und Mosel. Dieses größte Reiterstandbild der Welt war 1945 von amerikanischen Soldaten zum Spaß von seinem großen Sockel heruntergeschossen worden. Nach der Wiedervereinigung Deutschlands 1990 soll es jetzt wieder aufgerichtet werden. Damit würde ein Denkmal erneuert, das gefährliche Deutungen zulassen könnte. Denn äußerlich gesehen will dieses

Abbildung 5
Modell der Kaiserkrone, Berlin, Weidendammer Brücke, 1895/96. Im Hintergrund Bertolt Brechts Theater am Schiffbauerdamm

Abbildung 6
Modell des Niederwalddenkmals nach der Zerstörung (1945), Dresden, Schilling-Museum

Denkmal an die deutsche Einheit erinnern, die 1871 unter Bismarck und Kaiser Wilhelm erreicht wurde, und es könnte tatsächlich seit 1990 an die unter Gorbatschow im Zeitalter der Krise des Weltkommunismus neu erreichte deutsche Einheit erinnern. Mit Recht kann der Historiker darauf hinweisen, daß es ein „deutsches" Reich erst seit 1871 gibt. Dennoch müßte gerade der auch aus diesem Denkmal sprechende germanische Reichsmythos seine Wiederaufrichtung verbieten: Schon der auch hier gegen Westen, also gegen einen Feind Frankreich gerichtete Ausritt des kriegerischen Kaisers ist eine von der Geschichte überwundene und durch schwerste Opfer in zwei Weltkriegen widerlegte Propaganda. Aber besonders fatal ist die in der politischen Propaganda des zweiten Kaiserreiches beliebte Begründung des eigenen Anspruches mit dem mittelalterlichen christlichen Reichsgedanken, wie sie hier dadurch zum Ausdruck kommt, daß der erste Kaiser des neuen deutschen Reiches hoch zu Roß von einem kleinen Genius zu Fuß begleitet wird, der die alte Reichskrone trägt – als ob das Symbol dem Mythos zu dienen habe.

Der im 19. Jahrhundert gewachsene Mythos von Größe und Herrlichkeit eines urdeutschen Reiches war nicht einmal wissenschaftsfeindlich. Dieser Mythos konnte wissenschaftlich untermauert werden von Natur- und Geisteswissenschaftlern aller Fakultäten! Schon vor 1933 wurde in breiten gebildeten und gelehrten Kreisen, auch sehr evangelischer und sehr katholischer Prägung, ein hartes Nein zur Demokratie und ein herzliches Ja zum deutschen Reich unter einer autoritären Führung verkündet. Extrem heidnische Äußerungen, die hinter die abendländische Christentumsgeschichte zurückgingen, wurden zwar wissenschaftlich weniger ernst genommen. So deutete ein Philosoph Hitlers Machtpolitik dahingehend, daß mit der Gründung eines „Germanischen Reiches deutscher Nation" der Führer „die Einbindung des Einzelnen in die Seinsordnung des Staates" vollzogen habe. Es seien nun alle Vermischungen zu entfernen, die das Christentum mit seiner „Judaisierung griechischer Werte" bewirkt habe (Hans Heyse 1935). Verführerischer war der Irrtum derjenigen Gelehrten, die im Nazi-Reich eine ungebrochene Kontinuität zum protestantischen Bismarck-Reich und dahinter noch zum Heiligen Römischen Reich des Mittelalters annahmen. Hermann Heimpel, hochangesehener Historiker noch im Nachkriegsdeutschland, konnte 1933 nach Hitlers Machtantritt, nichts ahnend von den Folgen schreiben: „Keiner von denen, die das Dritte Reich vorbereitet oder begrüßt haben, versäumt es, von jenem Ersten Reich zu sprechen, von dem ‚Reich', das wir über die Vorläufigkeit des Zweiten Reiches wieder haben als unser Urbild." Viele unserer Väter, denen wir nach 1945 trotzdem eine gute Erziehung verdanken, dachten in den frühen dreißiger Jahren ebenso.

Ein Historiker konnte dann auch nach 1945 nur zu dem Schluß kommen, „daß die Reichstradition an ihre Grenzen gekommen ist, erschöpft, verbraucht, verdorben" (Reinhard Wittram). Dazu paßt eine Photographie, die einen amerikanischen Soldaten zeigt, wie er sich 1945 im Salzbergwerk Grasleben die dort ausgelagerte Reichskrone aus purem Übermut auf seinen viel zu kleinen Kopf setzt. Aber dazu paßt auch schon manche politische Ahnung aus der Mitte des neunzehnten Jahrhunderts, als das Frankfurter Paulskirchenparlament 1848/49, das in seiner Verfassung ein demokratisch legitimiertes deutsches Kaisertum unter Einschluß Österreichs zu errichten suchte, gescheitert war. Heinrich Heine schrieb das freche Gedicht „Kobes I.":

„Im Jahre Achtundvierzig hielt,
Zur Zeit der großen Erhitzung,
Das Parlament des deutschen Volks
Zu Frankfurt seine Sitzung . . .
Da liegen die Kaiserinsignia,
Da liegt die goldne Bulle,
Das Szepter, die Krone, der Apfel des Reichs
Und manche ähnliche Schrulle.
Da liegt das alte Kaiserornat,
Verblichen purpurner Plunder,
Die Gaderobe des deutschen Reichs,
Verrostet, vermodert jetzunder . . ."

Abbildung 7
Amerikanischer Soldat mit Reichskrone in einem Salzbergwerk in Grasleben bei Helmstedt, Mai 1945

Mag der deutsche Reichsmythos dahin sein, so bleibt doch die Reichskrone ein christliches Symbol deutscher Geschichte. Gerade in ihrer christlichen Symbolik liegt ein Sinn, der trotz der Umbrüche und Zusammenbrüche in der politischen Geschichte Deutschlands auch noch den Menschen an der Wende zum dritten nachchristlichen Jahrtausend anrühren kann.

III

Symbol gegen Mythos

DIE REICHSKRONE stellt sich im Original nun gewiß auch dem unvorbereiteten Betrachter als ein Herrschaftszeichen mit ausgesprochen *christlicher* Symbolik dar. Nicht der Begriff des Mythos, sondern der Begriff des Symbols bietet sich an, um den geistigen Gehalt dieser Insignie angemessen zu erfassen. Dabei muß wohl eine begriffliche Unschärfe in Kauf genommen werden, und es muß auch die Gefahr in Kauf genommen werden, daß das Symbol in unmittelbare Nähe des Mythos rücken kann. Dennoch ist das Symbol, zumal das christliche Symbol, vom Mythos zu unterscheiden. Die Kirchengeschichte ist voller Symbole, beginnend mit den Sakramenten und mit der „Heiligen Schrift" als der seit dem zweiten Jahrhundert gewachsenen kanonischen Bibel der Christen, schließlich mit den Glaubensbekenntnissen der Alten Kirche, die tatsächlich damals schon „Symbole" hießen und die überhaupt am Anfang der Geschichte des Symbolbegriffs stehen. Begriffsgeschichtlich gesehen war also ein „Symbol" in der Geschichte des Christentums seit den ersten Jahrhunderten zunächst das bei der Taufe gesprochene Glaubensbekenntnis. Freilich wahrt der neuzeitliche Protestant gegenüber kirchlichen Symbolen, zumal wenn sie in Sachen und Bildern Gestalt annehmen, meist inneren Abstand. Aber man muß sich klarmachen, daß selbst dem schärfsten Bilderstürmer im byzantinischen Reich wenigstens immer noch die Elemente der Eucharistie das einzige und wahre Bild Jesu Christi darstellten, wogegen manchem modernen Christen selbst diese minimale Erkenntnis nicht mehr einleuchtet. Doch hilflos und oft auch schamlos muß er die Flut profaner Bilder aus den Medien auf sich wirken lassen.

Nun sind schon über 1200 Jahre vergangen, seit auf dem siebten ökumenischen Konzil von Nizäa 787 – es war das letzte universale ökumenische Konzil – der Entscheid gefaßt wurde, daß Bilder und Symbole in der Kirche zwar nicht götzendienerisch angebetet, wohl aber andächtig verehrt werden dürfen. Es mag an der Zeit sein, den Sinngehalt von Symbolen neu zu begreifen, um nicht in der Flut wilder und massenhafter Bildinformationen zu ertrinken. Wichtig auf dem Weg dorthin ist die Erkenntnis, daß zwischen Symbol und Mythos ein wesentlicher Unterschied besteht.

Methodisch läßt sich die historische Insignienforschung gut verbinden mit dem neuen Verständnis für Symbole nicht nur in der kunstwissenschaftlichen Symbolforschung, die Erwin Panofsky neu begründet hat, sondern auch in der theologischen Wissenschaft. Schon 1930 hatte der evangelische Theologe Paul Tillich eine berühmte Definition des Symbols gegeben, die in jeder Hinsicht auf die Reichskrone anwendbar zu sein scheint. Tillich nannte vier Merkmale eines echten Symbols. Sein erstes und grundlegendes Merkmal ist seine Uneigentlichkeit. Sein zweites Merkmal ist seine Anschaulichkeit. Sein drittes Merkmal ist seine Selbstmächtigkeit. Das vierte Merkmal des Symbols ist seine Anerkanntheit. In umgekehrter Reihenfolge beginnen wir mit dem letzten Merkmal.

IV

Anerkanntheit und Selbstmächtigkeit der Reichskrone

DIE REICHSKRONE ist *anerkannt*. Sie ist auch ein Stück deutscher Sozialgeschichte. Aus allen gesellschaftlichen Gruppen kennen wir, besonders gut nachweisbar im neunzehnten und zwanzigsten Jahrhundert, Reaktionen auf die Symbolik der Reichskrone – bis hin zum Bierdeckel. Auch wenn man angesichts dieser ganzen Geschichte im Rückblick kritisch feststellen muß, daß im neunzehnten und zwanzigsten Jahrhundert aus dem Ideal weithin ein Idol, aus dem Reichsidealismus ein Reichsmythos, schließlich aus dem Symbol sogar ein Klischee geworden ist, so wirkt sich selbst darin die Anerkanntheit einer ursprünglich starken Idee aus. Ja, gerade die verdrängten Symbole der Geschichte können in verfremdeten und verkehrten Formen gewaltsam weiterwirken.

Dennoch muß die Reichskronengeschichte zumal im neunzehnten Jahrhundert aus heutiger Sicht nicht nur bedrückend erscheinen. Sie kann dort, wo sie von einer deutschen romantischen Stimmung erfüllt ist, auch sentimentale Gefühle wekken, weil ja hernach so vieles ganz anders kam. Dies gilt insbesondere für einige poetische Verklärungen in Gedichtform, mögen diese auch nicht frei von Schwulst und hohlem Pathos sein. Sie sind jedenfalls Zeugnisse für die allgemeine Anerkanntheit der Reichskrone. Doch hatten die Poeten von der in Wien ruhenden Krone meist keine konkrete Vorstellung mehr. Hauptsächlich wird eine politische Utopie beschworen, eine Hoffnung auf ein neues deutsches Kaisertum, nachdem das alte unter den Siegen Napoleons im Jahr 1806 verschwunden war. Max von Schenkendorf, dem Friedrich Rückert den Ehrennamen „Kaiserherold" beilegte, richtete in seinem 1813, auf dem Höhepunkt der Freiheitskriege geschriebenen Gedicht „Die Deutschen an ihren Kaiser" seine ganze Hoffnung noch einmal auf Franz II., den letzten Kaiser des Habsburger Hauses:

„Deutscher Kaiser! Deutscher Kaiser!
Komm zu rächen, komm zu retten,
Löse deiner Völker Ketten,
Nimm den Kranz, dir zugedacht.
Kannst ja doch nicht von uns lassen;
Schworst ja bei der Furt am Maine,

Dich zu ein'gen dem Vereine
Alter Väterherrlichkeit . . . .
Wirf nicht fort, was Gott geboten;
Wieder auf entsühntem Throne,
In der alten heil'gen Krone
Sei der Stern der Christenheit!"

Die Landschaft an den Flüssen Main und Rhein mit ihren mittelalterlichen Kaiserburgen und Kaiserdomen wurde im neunzehnten Jahrhundert zur eigentlichen Heimat eines neuen deutschen Reichsgedankens erkoren. Die tatsächlich schon mittelalterliche Erkenntnis, daß in der Landschaft zwischen Basel und Mainz „die größte Kraft des Reiches" liegt (Otto von Freising), verband sich nun mit dem politischen Schlagwort Ernst Moritz Arndts aus den Freiheitskriegen „Der Rhein, Deutschlands Strom, nicht Deutschlands Grenze". Aber es überwog das Bild einer Idylle. „Das Herz am Rhein" hieß um die Mitte des Jahrhunderts ein viel gesungenes Volkslied, das im Zusammenklang von Vaterlandsliebe, Liebe zur Musik und Liebe zur Frau dem „Deutschlandlied" von Heinrich Hoffmann von Fallersleben sehr ähnlich ist. Nur die erste Strophe sei zitiert; man könnte dabei den Gesang aus einer Gartenlaube hören:

„Es liegt eine Krone im grünen Rhein,
Gezaubert von Gold und von Edelstein;
Und wer sie erhebt aus tiefem Grund,
Den krönt man zu Aachen zu selbiger Stund;
Vom Belt bis zur Donau die Lande sind sein,
Dem Kaiser der Zukunft, dem Fürsten am Rhein."

1870 schrieb Wilhelm Raabe seine Novelle „Des Reiches Krone". Hier tritt der politische Reichsgedanke völlig in den Hintergrund. In der Person einer Frau, die sich um Aussätzige kümmert, wird die Krone des Reiches zu einem Menschen, dessen größte Macht die Liebe ist. Die Handlung spielt in den Jahren 1421–1424, als die Krone vor den hussitischen Unruhen in Böhmen in die Sicherheit der Reichsstadt Nürnberg gebracht wurde. Wilhelm Raabe beendet dann aber doch seine

Novelle, die er kurz vor der Gründung des „zweiten" deutschen Kaiserreiches schrieb, mit den Worten politischer Erwartung. „Des deutschen Reiches Krone liegt noch in Nürnberg – wer wird sie wieder zu Ehren bringen in der Welt?"

Andere Dichter, wie der schon erwähnte Heinrich Heine, sahen freilich schon mit dem demokratischen Aufbruch im Jahr 1848 das Ende eines politischen deutschen Kaisertums gekommen. Einem Kaisertum, das in eine demokratische Verfassung eingebunden war, wurde kaum noch eine Zukunft gegeben. Der heilige Glanz der Reichskrone sollte nur noch einmal aufscheinen, um dann in die ferne Himmelswelt, „zu der toten Götterwelt", zu entschwinden. Reich Gottes und Reich der Welt sollen künftig anscheinend endgültig voneinander geschieden sein. So heißt es im Gedicht Gottfried Kellers: „Wien. Frühling 1848":

„. . . Einmal noch durch deutsche Lande
Führ ein deutsches Kaiserbild,
Reich zu schaun im Goldgewande,
Und wir grüßen fromm und mild!
Dieser Traum wird auch verwehen
Und am alten Sternenzelt
Endlich unter die Sterne gehen
Zu der toten Götterwelt;
Und wo flimmernd Schwan und Leier
Und das Bild des Kreuzes sprühen,
Wird dereinst in schönem Feuer
Caroli Magni Krone glühn!
Aber dann in tausend Wiegen,
Hier in Gold und dort in Holz,
Wird der junge Kaiser liegen,
Freier Mütter Ruhm und Stolz,
Wird als Hirt in Blumen weilen,
Im Gebirg als Jäger gehen,
Auf des Meerschiffs schwanken Seilen
Als ein braver Seemann stehen!"

Schließlich ist die Reichskrone bis in die Gegenwart nicht nur anerkannt, sondern auch *selbstmächtig* gewesen. Auch das haben die genannten Beispiele aus dem neunzehnten Jahrhundert zeigen können. Nicht der Kaiser als Person, nicht Geblüt und Dynastie, sondern die Insignien als heilige Sachen garantieren die Herrschaft. Geht der Herrscher der Insignien verlustig, verliert er auch die Herrschaft. Diese Einstellung war besonders im frühen und hohen Mittelalter typisch. Als im Jahr 1024 die Kaiserwitwe Kunigunde dem neuen Herrscher Konrad II. am Tage seiner Wahl die Insignien überreichte, hat sie ihn, wie der Chronist Wipo sagt, allein „dadurch zur Herrschaft bevollmächtigt". Im Jahr 1105 wurde Heinrich IV. zu Ingelheim dadurch entthront, daß, wie die Chronik Helmolds von Bosau berichtet, die Bischöfe „sich ein Herz faßten, auf den König eindrangen und ihm die Krone vom Haupte rissen . . ." Als die Reichskrone in Habsburger Obhut auf der Kyburg in der Schweiz verwahrt wurde, konnte die Burgtvögtin, die kaum jemals einen Kaiser zu Gesicht bekommen hatte, dennoch im Jahr 1316 schreiben: „Do daz Rich bi mir ze Kyburg was."

Sogar noch die Väter der Paulskirchenverfassung von 1849 sahen sich berechtigt und genötigt, dem Preußenkönig Friedrich Wilhelm IV. eben diese Kaiserkrone aus Wien anzutragen. Gerade die Unumgänglichkeit dieses Symbols, die in ihrem rechtlichen Charakter liegt, macht ihre Selbstmächtigkeit aus. Überhaupt ist keine andere Krone der Weltgeschichte als solche so selbstmächtig wie die Reichskrone gewesen. Die anderen Kronen der europäischen Geschichte, z. B. die russischen, englischen und skandinavischen Herrscherkronen, sind durchweg nicht nur jünger, neuzeitlicher; sie haben auch niemals einen vergleichbaren Zauber hervorgerufen. Auch die Kronen in den Jahrhunderten davor, in Byzanz und bei den christianisierten Germanen, haben niemals ein ähnliches Ansehen und eine solche Ausstrahlung und Dignität besessen. – Freilich, eine Ausnahme gibt es: die Stephanskrone der Ungarn. Doch ist die Stephanskrone gut zwei Generationen jünger als die Reichskrone. Auch aus anderen, hier nicht darzulegenden Gründen, mag die religiöse Verehrung der Stephanskrone, die ja auch national begrenzt blieb, von der religiösen Verehrung der Reichskrone beeinflußt gewesen sein.

Abbildung 8
Die ungarische St. Stephans-Krone, 11.–12. Jahrhundert (Kopie)

V

Anschaulichkeit

Die Reichskrone ist *anschaulich*, ja anschaulich in ästhetisch wildschöner Pracht. Nicht gesehen werden kann ihr schweres Gewicht, immerhin dreieinhalb Kilogramm. Dieses Gewicht und ihr für den menschlichen Kopf viel zu großer Durchmesser (22 cm) sind schon ein Hinweis darauf, daß sie mehr sein will als eine fürstliche Kopfbedeckung. In der Neuzeit wurde das kaum noch begriffen. Schon dem kleinen Johann Wolfgang Goethe, der 1764 die Kaiserkrönung Josephs II. in Frankfurt vom Straßenrand aus miterlebte, war das aufgefallen. Goethe erinnerte sich später: „Der junge König . . . schleppte sich in den ungeheuren Gewandstücken mit den Kleinodien Karls des Großen wie in einer Verkleidung einher, so daß er selbst, von Zeit zu Zeit seinen Vater ansehend, sich des Lächelns nicht enthalten konnte. Die Krone, welche man sehr hatte füttern müssen, stand wie ein übergreifendes Dach vom Kopf ab" (Dichtung und Wahrheit I, 5).

Der erst unter Konrad II. entstandene Bügel mit der Aufschrift „Chuonradus Dei Gratia Romanorum Imperator Augustus" (Konrad aus Gottes Gnaden Kaiser und Augustus der Römer) ist nachträglich im frühen 11. Jahrhundert der Krone aufgesetzt worden. Aber das abnehmbare Stirnkreuz ist sehr wahrscheinlich gleichzeitig mit der Krone. Am unteren Rand der beiden Seitenplatten befinden sich je drei kleine waagerechte Röhrchen. Sie dienten zur Anbringung von nun ebenfalls verlorengegangenen „Pendilien", längerer Kettchen, die vom Kronenrand bis zur Schulter herabhingen. Am oberen Rand der Seitenplatten und an der Nackenplatte sind an den Innenseiten je drei schräg nach oben stehende Goldröhrchen angenietet. Sie waren die Halterung für einen ursprünglich dort angebrachten dreiteiligen, nach oben hinausstehenden Schmuck; mit Perlen und Edelsteinen verzierte Golddrähte, vielleicht in der Form von Lilien. Pendilien und Zierate sind von byzantinischen und abendländischen Kronen des 9. und 10. Jahrhunderts bekannt. Aber überhaupt die Tatsache einer Bildplattenkrone weist ebenso wie die darin verwandte, jedoch spätere ungarische Stephanskrone auf byzantinisches Vorbild hin. Die Reichskrone ist also in ihrem heutigen Aussehen ein Fragment. Wenn man ihre aufregende äußere Ge-

Abbildung 9
Seitenplatte

schichte bedenkt, Transporte durch ganz Europa, Raubüberfälle, Thronwirren, so ist das auch verständlich.

Es sei nur auf die auffallendsten biblischen Bezüge hingewiesen, die aus der Krone sprechen. Diese, auch mit Hilfe zeitgenössischer Literatur des 10. Jahrhunderts (Liturgien, Chroniken, u. a.) erweisbaren biblischen Bezüge in der Reichskrone sind von exemplarischer Bedeutung für politisch-theologisches Selbstbewußtsein am ottonischen Hofe. Am auffallendsten sind die Perlentore und die oktogonale Form. Sie erinnern an die im 21. Kapitel der Johannesapokalypse dargestellte himmlische Stadt, das himmlische Jerusalem. Die mittelalterliche Vorliebe für die Heiligkeit der Acht-Zahl hat hier also zur Gestaltung einer Krone im Oktogon geführt. Allein dieses Kennzeichen unterscheidet die Reichskrone von allen Kronen der Welt. Auch falls die italienische „Eiserne Krone" von Monza aus dem 9. Jahrhundert ursprünglich oktogonal gewesen sein sollte (was für eine abwegige Spekulation gehalten werden darf), ist doch die Reichskrone seit dem 10. Jahrhundert die einzige europäische Herrscherkrone in deutlich oktogonaler Form. Man sollte sich hier auch an die Schlußworte von Augustins „De civitate Dei" erinnert fühlen, die auf die ewige Glückseligkeit am letzten und „achten" Welttage hinweisen: „Am achten Tage", als an einem ewigen Sonntag, „werden wir feiern und schauen, schauen und lieben, lieben und loben."

Die Davidplatte führt ein Spruchband mit Psalm 99, 4 „Honor regis iudicium diligit" (Die Ehre des Königs liebt den Rechtsspruch). Eine schöne Erzählung von Wipo, dem Hofkaplan und Chronisten Konrads II. kann uns den auch reichsrechtlichen Sinn dieses Psalmwortes illustrieren: Am 8. September 1024 wurde Konrad beim Krönungszug in Mainz von Bittstellern aufgehalten. Während seine Begleiter die Störer zurückweisen möchten, faßt Konrad voller Rührung einen der Bittsteller am Arm, einen Asylanten. Er läßt sich das Anliegen des Unglücklichen erzählen und gibt es weiter an seine Begleitung, damit den Leuten geholfen werde. Wipo kommentiert nun diese Begebenheit mit den Worten: „Das erscheint als ein glücklicher Anfang der Regierung, wo man mehr eilt zu des

Abbildung 10
Italienische „Eiserne Krone", 9. Jahrhundert

Gesetzes Erfüllung als zu der Königskrönung ... Er ließ seine Krönung warten wegen der königlichen Ehre; denn es steht geschrieben" (und nun folgt der Spruch der Reichskrone): „,Die Ehre des Königs liebt den Rechtsspruch'."

Die Salomonplatte hat ein Spruchband mit einem bezeichnenden Spruch eben aus den Sprüchen Salomos, Proverbia 3, 7: „Time dominum et recede a malo" (Ehre den Herrn und weiche vom Bösen). Bemerkenswert ist die Voranstellung Salomos gegenüber David und die Blickwendung Salomos zu David hin wie umgekehrt, was auf eine sinnvolle Zuordnung der beiden Platten schließen läßt. Tatsächlich wurden Otto der Große und sein Sohn Otto II. in den sechziger Jahren des zehnten Jahrhunderts zu einer neuen Verkörperung von David und Salomon! Bei Hrotsvitha von Gandersheim ist ein Anhaltspunkt gegeben. Die älteste deutsche Dichterin verherrlicht Otto II. mit den Worten: „Aber weil ich gedenke, wie sehr Du wunderbar ähnlich Salomo, dem Sohne Davids, des gepriesenen Königs, der in Gegenwart und auf Geheiß seines heiligen Erzeugers in ersehntem Frieden des Vaters Reich übernommen ..." Kurz darauf nennt sie vertraulich den Sohn des großen Otto „unseren Salomo". In einer für die abendländische Königsverfassung neuartigen, freilich von Byzanz übernommenen Verfassungsreform bestimmte Otto I., der „David", seinen Sohn Otto II., den „Salomon", schon zu Lebzeiten zum Mitkaiser. Dieses kaiserliche Miteinander, das verfassungsrechtlich als ein Mitkaisertum in den Jahren 961–968 durchgesetzt wurde, könnte sehr wohl in diesen beiden Platten der Krone mit angedeutet sein.

Die Hiskiaplatte hinten rechts zeigt den Propheten Jesaja im Moment, da dieser dem todkranken König Hiskia (lateinisch: Ezechias Rex) Trost zuspricht. Der Prophet trägt ein Spruchband mit den Worten aus Jesaja 38, 5: „Ecce adiciam super dies tuos XV annos" (Siehe ich will deine Lebenstage um 15 Jahre verlängern). Gerade für diese Platte gibt es zahlreiche Paralleltexte in den Krönungsliturgien des 10. Jahrhunderts, aus denen zu erfahren ist, daß hiermit vor allem das „Memento Mori"-Motiv gemeint ist: „Auch du mußt sterben." Auch der König ist ein sterblicher Mensch, auf die Gnade leiblichen

Abbildung 11
Salomon-Platte

Abbildung 12
David-Platte

Wohles angewiesen. Ein Bild wie hier, das entsprechend einer christlich-liturgischen Tradition den todkranken, auf Gnade angewiesenen König zeigt, macht deutlich, wie weit sich das christliche Herrscherideal der christianisierten Germanen von der Verherrlichung des Divus Augustus im antiken Rom entfernt hat. Dort durften Krankheit und Tod eines Kaisers nicht zum Inhalt seiner Verherrlichung gehören. Hier, bei den Christen, ist das prophetische Wort: „Bestelle dein Haus, denn du wirst sterben" (Jes 38, 1) ein Wort, dem die Erfahrung von göttlicher Gnade folgt.

Zufällig wissen wir, daß Otto I. im Jahr 958 schwer erkrankt gewesen war. Wirklich starb Otto 15 Jahre später, am 7. Mai 973 in Memleben an der Unstrut. Der Schluß lag nahe, daß die Hiskiaplatte eine Erinnerung an diese, Otto gewährte Lebensfrist von fünfzehn Jahren aufbewahrt habe und daß daher die Krone nach 973 geschaffen worden sei. Doch dieser Schluß ist trügerisch, weil die Vorstellung einer Lebensverlängerung und einer berechenbaren Lebensfrist ganz modern ist. Fünfzehn Jahre Leben geschenkt zu bekommen, war in Antike und Mittelalter eine ganz große Gnade, nämlich normalerweise ein rundes halbes Leben! Nach christlicher Lehre lebte der mittelalterliche Mensch fortwährend zwischen Leben und Tod. So sagt es die mittelalterliche Antiphon „Media vita in morte", die Martin Luther in seinem Choral aufnahm „Mitten wir im Leben sind, mit dem Tod umfangen . . ." Nicht die Jahresfrist von fünfzehn Jahren, sondern die Tatsache, daß auch das Leben eines Königs befristet und auf göttliche Gnade angewiesen ist, kennzeichnet das eigentümlich Mittelalterliche an dieser Darstellung. Die Krankheit des Königs Hiskia eignete sich für die Darstellung dieses „Memento Mori"-Motivs auf einer Herrscherkrone besonders gut, weil das Alte Testament von keinem anderen König so eindrucksvoll über seine Krankheit zum Tode und Begnadigung berichtet (vgl. Jesaja 38 mit 2. Könige 20). Gegen eine biographische Deutung der Platte von jenem Krankheitsdatum 958 her spricht auch das Vorkommen des Motivs vom kranken und begnadeten König Hiskia in Krönungsliturgien, die älter als die Reichskrone sind.

Abbildung 13
Der Prophet Jesaja und König Hiskia

Vorn rechts sehen wir die Christusplatte mit dem Spruch aus den Sprüchen Salomos, Prov 8, 15: „Per me reges regnant" (Durch mich herrschen die Könige). Der Spruch hat eine alte reichsrechtliche Tradition. Schon bei Augustin, dann im Reichsrecht Kaiser Justinians, in ottonischen Rechtsquellen, andauernd, sogar noch in der lutherischen Kirchenordnung Bugenhagens, wird immer wieder die kaiserliche und königliche Potestas von Christus selbst abhängig gemacht. Gleich mit den ersten Worten der schleswig-holsteinischen Kirchenordnung von 1542 erinnert die Vorrede Christians III., des Königs von Dänemarks und Herzogs zu Schleswig-Holstein, an eben diese, wie er schreibt, „Weisheit in Proverbia im 8. Kapitel . . . Durch mich regieren die Könige und setzen die Ratsherren das Recht. Durch mich herrschen die Fürsten und alle Regenten auf Erden." Die Majestas-Domini der Reichskrone, d. h. die Darstellung Christi in seiner göttlichen Herrlichkeit, hat allein mit ihrem Platz vorn zur Rechten gegenüber den anderen Bildplatten eine Sonderstellung. Auch sonst hebt sich diese Platte ikonographisch von den übrigen Bildplatten ab. Im Unterschied zu den anderen Bildplatten steht das Bibelwort frei schwebend über dem thronenden Christus, und es ist keine Anrede an den Abgebildeten, sondern es ist die Selbstaussage des Abgebildeten. Christus proklamiert sich selbst zum König der Könige. – Die beiden Engel links und rechts sind wohl am ehesten als Seraphim im Sinne der Gottesoffenbarung von Jesaja 6 zu verstehen.

Die vier Edelsteinplatten entsprechen sich paarweise. Die jeweils kongruenten *Seitenplatten* erinnern an die Darstellung der Thronanbetung der 24 Ältesten nach Johannesoffenbarung Kap. 4 und 22. In der Johannesoffenbarung im 4. Kapitel wird eine große Gottesvision beschrieben, die zum ersten Höhepunkt der ganzen Apokalypse führt. Inmitten des Himmels thront der Erhöhte, und als Hauptkennzeichen des Thrones werden sein Glanz und seine Farbe beschrieben: „wie ein Regenbogen, . . . anzusehen wie ein Smaragd." Um diesen Thron lagern die vier Tiere (Engel, Löwe, Stier und Adler); „vor dem Thron lodern im Kreise die sieben Fackeln mit Feuer, welche sind die sieben Geister Gottes."

Abbildung 14
Christus-Platte: „Durch mich herrschen die Könige"

Weiter um den Thron her breitet sich das gläserne Meer. Um den Thron her stehen schließlich die vierundzwanzig Stühle der Ältesten, jener Thronassistenz, der ewige Anbetung und ewiges Gotteslob zukommt. Sechs knappe Verse der Johannesoffenbarung deuten damit den größten Teil des Steinschmucks dieser Platten: Smaragd = Thron, vier Rubine = vier Tiere, sieben Rubine = sieben Fackeln, zehn Saphire = gläsernes Meer, vierundzwanzig Rubine = vierundzwanzig Älteste. Sämtliche Steine der Seitenplatten sind damit gedeutet. Übrig bleiben die Perlen: Die sechs blattartigen unmittelbar zu beiden Seiten, oberhalb und unterhalb des Thron-Smaragds, acht Perlen in einem längs gezogenen Oktogon und zwölf Perlen am äußeren Rand der Platten. Auch sie lassen sich alle erklären. Schon die mittelalterliche Exegese hat erkannt, wie sehr der Thronvision in Kapitel 4 der Johannesoffenbarung die Vision in Kapitel 22 entspricht. Das Bild vom Stuhl Gottes und von dem von ihm ausgehenden Strom des Wassers des Lebens wird wieder aufgenommen, bereichert aber durch die Schilderung vom „Holz des Lebens", das zu „beiden Seiten" wächst: Johannesoffenbarung Kapitel 22, Vers 2 heißt es: „Dieses Holz trug zwölfmal Früchte und brachte seine Früchte alle Monate und die Blätter des Holzes dienten zur Genesung der Heiden." Damit sind die drei Blätter oberhalb und unterhalb des Smaragdes gut erklärt. Die fruchtähnlichen Perlen und Goldkügelchen lehnen sich wörtlich an die Früchte vom Holz des Lebens an, das zwölfmal im Jahr Frucht bringt (Offb. 22, 2). Aber auch ohne diese Erklärung aus der Johannesoffenbarung ist der fruchtartige Charakter des Ganzen auffällig: „Man wird an Beeren oder Baumfrüchte erinnert", wie Hans Martin Decker-Hauff treffend bemerkte. Und es leuchtet sehr ein, daß damit auf die Bekehrung der Heiden angesprochen sein könnte.

Die leitmotivische Funktion von Offb. 4 und 22 ist in der Missionstheologie des Frühmittelalters, etwa in der Ansgar-Vita, auch sonst bekannt. Die Doxologie bringt den Menschen das Heil und vermehrt die christlichen Völker. Kultus und Mission gehören zusammen. In diesem Zusammenhang muß daran erinnert werden, wie sehr das 10. Jahrhundert die große Zeit einer imperialen missionarischen Machtentfaltung war.

Unter den Ottonen wurden erstmals die Gebiete nördlich und östlich der Elbe missioniert. Die Dänen, die Polen, Ungarn und Böhmen traten zur europäischen Völkerfamilie. Es begann die Geschichte des christlichen Europa unter Einschluß gerade auch Osteuropas. Nach Ottos Sieg über die Ungarn in der Schlacht auf dem Lechfeld 955 war zunächst mit der Errichtung einer ottonischen Ostmark neues Land für das Christentum erschlossen, das seit 976 unter den Babenberger Markgrafen als „Österreich" auch eine eigene Staatsform anzunehmen begann. Überdies sei hervorgehoben die Gründung der Bistümer Ripen, Aarhus und Schleswig um 950 durch Otto den Großen und die um dieselbe Zeit erfolgte Einrichtung des ostholsteinischen Oldenburg als eines Ausgangspunktes der Mission bei den Slawen, auch die ebenfalls um 950 erfolgte Einrichtung der Bistümer Havelberg und Brandenburg und die 968 verkündigte Erhöhung Magdeburgs zum Erzbistum, so daß von dort aus die Unterbistümer Meißen, Merseburg und Zeitz entstehen konnten. Die Ausweitung dieser Missionspolitik auch nach Rußland ist als ottonischer Plan immerhin bemerkenswert, auch wenn dieser Plan schon im Jahr 959 scheiterte, weil die byzantinische Mission in Kiew den Ottonen zuvorgekommen war, was dann zur Taufe Vladimirs von Kiew im Jahr 988 führte. – So können die beiden Seitenplatten aufgefaßt werden als eine in Edelsteinen und Perlen versinnbildlichte ottonische Missionstheologie.

Die je kongruenten *Stirn- und Nackenplatten* erinnern an das 2. Buch Mose Kap. 28: Die zwölf Edelsteine auf dem Brustschild des alttestamentlichen Hohenpriesters werden dargestellt, zugleich aber wohl auch die zwölf Grundsteine in der Mauer des himmlischen Jerusalem nach Offenbarung 21, 10–20. Im 2. Buch Mose Kap. 28 wird das Hohepriesterliche Gewand geschildert, dabei die viereckige Brusttasche für die Losentscheidungen. Es ist der sogenannte Choschen: „Und du sollst sie besetzen mit vier Reihen von Steinen. Die erste Reihe soll sein ein Sarder, ein Topas und ein Smaragd, die andere ein Rubin . . ." usw. „Zwölf sollen es sein in Siegelstecherarbeit nach den Namen der Söhne Israels, daß auf jedem ein Name stehe nach den zwölf Stämmen" (2. Mose 28, 17, 21). Die Schilderung des himmlischen Jerusalem im 21. Kapitel der Johannesoffenbarung, die hier ebenfalls ausgedrückt scheint, ist wahrscheinlich von der soeben zitierten Beschreibung des hohepriesterlichen Brustschildes abhängig. Hier, in Johannesoffenbarung Kap. 21 heißt es nun – und auch das paßt zur Edelsteinanordnung auf Nackenplatte und Stirnplatte –: „. . . Und es wurde mir die heilige Stadt Jerusalem gezeigt, wie sie herniederfährt aus dem Himmel von Gott; die hatte die Herrlichkeit Gottes. Und ihr Licht war gleich dem alleredelsten Stein, einem Jaspis, klar wie ein Kristall. Und sie hatte eine große und hohe Mauer und hatte zwölf Tore und auf den Toren zwölf Engel und Namen darauf geschrieben, nämlich die Namen der zwölf Stämme der Kinder Israel: Von Osten drei Tore, von Norden drei Tore, von Süden drei Tore, von Westen drei Tore. Die Mauer der Stadt hatte zwölf Grundsteine und auf ihnen die zwölf Namen der zwölf Apostel des Lammes . . ." – Wie tief dieses apokalyptische Bild in die Frömmigkeit der Deutschen eingedrungen ist, hören wir noch aus dem wunderbaren Choral Philipp Nicolais aus dem Jahr 1599: „Wachet auf, ruft uns die Stimme . . . Nun komm du werte Kron, Herr Jesu, Gottes Sohn . . . Von zwölf Perlen sind die Tore an deiner Stadt; wir stehn im Chore der Engel hoch um deinen Thron . . ."

VI

Uneigentlichkeit

SCHLIESSLICH IST, um noch einmal auf Paul Tillichs hier so gut anwendbare Symboldefinition zurückzukommen, die Aussage der Reichskrone auch *uneigentlich.* Der Betrachter wird provoziert, nach dem zu fragen, was dieses Symbol symbolisiert. In ihr verbirgt sich ein Symbol höheren Ranges. Ich versuche, diesen höheren Sinn in einer Zusammenschau zu formulieren: Die Worte der Heiligen Schrift, direkt oder indirekt im Bild- und Edelsteinschmuck ausgedrückt, fügen sich zu einem geschlossenen Programm, das auch einer christologischen Formel des Frühmittelalters entspricht. Es ist die Lehre vom königlichen und priesterlichen, also vom zweifachen Amte Christi. Erst die Reformatoren sollten ein dreifaches Amtsverständnis Christi festschreiben, so daß das prophetische Amt fortan aus dem königlichen ausgegliedert wurde und eine selbständige Funktion erhielt. Doch in der Reichskrone dominiert die altkirchliche und frühmittelalterliche „Rex et Sacerdos"-Vorstellung, die das prophetische Amt dem königlichen Amt zuordnet: Christus ist zu allererst „König der Könige". So sagen es die vier Bildplatten, vor allem die Christusplatte. Christus ist aber auch der sich selbst zum Opfer gebende „Hohepriester". So sagen es die vier Edelsteinplatten, zuvörderst die Stirnplatte. Gleichsam als Summe gilt: Christus ist ewiger König und ewiger Priester im eschatologischen Sinn, so sagt es das umfassende Oktogon. Diesen ewigen Christus, einen König und Priester, repräsentiert schon in dieser Zeit der gekrönte Kaiser; er ist also auch ein König und ein Priester. Unter dieser Krone erinnert er all seine Gefolgschaft an die vom ewigen Priesterkönig Christus verheißene himmlische Zukunft des Gottesreiches, wie es die Johannesoffenbarung sagt, an „die große Stadt, das heilige Jerusalem, herniederfahrend aus dem Himmel von Gott, welche die Herrlichkeit Gottes hat" (Kap. 21, 10–11).

In unserer Betrachtung sei kurz innegehalten und die naheliegende Frage gestellt: Wer von den Zeitgenossen schon im Mittelalter konnte das alles begreifen? Die Antwort muß lauten: Gewiß nur ein sehr kleiner Kreis. Brun von Köln, der Bruder Ottos I., und die mit ihm verbundenen Theologen in Benediktinerklöstern der Gorzer Reform hatten ja auch keineswegs ein breites Publikum, das sie aufklärerisch anpredigen wollten, vor Augen, als sie diese Krone schufen, sondern sie wollten mit dem Kunstwerk dieser Krone Gottes Majestät verherrlichen. Gerade bei Benediktinern waren geheimnisvolle Sinngebungen ästhetischer Formen in bildender Kunst, Literatur und Musik sehr beliebt, die doch gewissen Regeln folgen und jedenfalls immer einen sowohl verspielten als auch lehrhaft ernsten Bezug zur christlichen Bibel erkennen lassen. Frühmittelalterliche Buchillustrationen oder die Figurengedichte und die Rätsel eines Bonifatius und Hrabanus Maurus und die „tektonische Form" (Rathofer) in der altsächsischen Evangelienharmonie des „Heliand" zeigen das ganz ähnlich.

Nicht dem autonomen Menschen, sondern Gott in seinem Mysterium als wahrer Gott und als wahrer Mensch zugleich dient das Kunstwerk, dessen innere Form darum auch nicht jedermann sichtbar werden muß. Die Verborgenheit Gottes bleibt zu beachten, obwohl derselbe Gott seinen Heilsplan zugunsten der Menschheit im Laufe der Weltgeschichte enthüllt hat. Das verlangt vom Künstler eine Darstellung, die sowohl der geheimnisvollen Herrlichkeit Gottes als auch dem seit der Menschwerdung Gottes offenbaren Heilsplan Gottes angemessen ist. Daher stellt sich das Verhältnis des Künstlers zu Öffentlichkeit und Publikum im christlichen Mittelalter ganz anders dar als in der Moderne. Hier und heute muß das Kunstwerk vor Menschen vorgestellt, meist auch verkauft und vermarktet werden, wenn es denn seinen Preis verdienen will. Es muß „eigentlich" sein. Dort aber soll der Beifall der Zuschauer gar nicht bewußt gesucht werden. Dort soll der eigentliche Preis der Lobpreis Gottes und des Reiches Gottes sein, das seit der Menschwerdung Christi offenbar ist, aber in voller Anerkanntheit, Selbstmächtigkeit, Anschaulichkeit und dann auch in voller Eigentlichkeit erst in Zukunft erscheinen wird.

VII

Sakramentalität im „Waisen“

FREILICH MUSSTEN sich auch am christlichen Kunstwerk der Reichskrone ein paar besondere Merkmale dem breiten Volk unmittelbar einprägen. Dazu gehört von vornherein ihre oktogonale Form, die sie von den Zirkeln, d. h. den Rundkronen der übrigen europäischen Herrscher, abhob. Dazu gehört nun auch ein leider verlorengegangener Edelstein in der Krone, der eine so wunderbare Ausstrahlung gehabt haben muß, daß man mit diesem Edelstein die Reichskrone selbst bezeichnet hat. Dieser Edelstein – als ihre „pars pro toto" – war der sogenannte Waise. Freilich lag in diesem wohl weithin leuchtenden Edelstein der Krone auch ein geheimnisvoller Sinn, der wiederum nicht jedermann zugänglich gewesen sein konnte. Denn gerade dieser Waise hatte den Charakter des Mysteriums, des Sakramentalen.

Damit nähern wir uns einem letzten Merkmal des Symbols: seiner Sakramentalität. Damit verlassen wir freilich auch die neuere philosophische und auch theologische Definition eines Symbols, die auf den Begriff des Sakramentalen weithin verzichtet. Aber im Blick auf die ältere Christentumsgeschichte muß festgehalten werden, daß das Sakrament ein Symbol schlechthin ist, sofern sich in ihm die reale Gegenwart Gottes in Jesus Christus zeigt. Im Blick auf die Reichskrone ist nun aber ein sakramentaler Charakter in ihrer Symbolik ebenfalls unübersehbar. Ihre mittelalterlichen Bewunderer haben das spontan empfunden. Sicher war die Reichskrone keine Reliquie wie die ebenfalls zu den Reichsinsignien gehörende Heilige Lanze, aber sie wurde doch verwahrt und betrachtet wie eine Reliquie. Archäologische Burgenforschung hat nachgewiesen, daß sie und die anderen Insignien von Priestern bewacht wurden, die in einer Kapelle mit offenem Zugang zur Schatzkammer ihren täglichen Gebetsgottesdienst versahen. Der Trifels und die Burg Karlstein bei Prag geben davon heute noch eine gute Anschauung. Vom 14. bis zum 16. Jahrhundert fanden in Prag und in Nürnberg einmal jährlich die sogenannten Heiltumsweisungen statt. Das waren Wallfahrten zu den Reichsinsignien, die deren Verehrung massenhaft bezeugten. Das Merkmal der Sakramentalität zeigt sich nun aber in der

Reichskrone selbst in diesem ihrem berühmtesten Edelstein, der den Namen „der Waise" trägt.

Nur das Wichtigste sei mitgeteilt. Irgendwann nach dem Jahr 1350 ist der Waise verlorengegangen. Denn 1350 hinterließ dieser Edelstein sozusagen zum einzigen und damit auch zum letzten Mal ein amtliches Lebenszeichen in einer Inventarnotiz, angefertigt aus Anlaß der Übergabe der Reichsinsignien aus der Kanzlei Ludwigs des Bayern an Karl IV. Hundert Jahre davor hatte der Scholastiker Albertus Magnus den Waisen folgendermaßen gekennzeichnet: „Der Orphanus" (= griechisch; lateinisch: „pupillus"; deutsch: „Waise, Waisenkind") „ist ein Stein in der Krone des römischen Kaisers; seinesgleichen findet sich sonst nirgendwo, weshalb er auch Orphanus heißt. Er ist aber in der Farbe wie Wein, freilich von zarter Weinfarbigkeit. Das heißt: es ist so, als ob sich die strahlende und blitzende Weiße des Schnees in klares Weinrot verwandelt und davon überdeckt wird . . ." Nach Albertus ist also die Farbkombination Weiß/Rot bestimmend gewesen, wobei das Weiße die Grundfarbe war, die vom Rot dominiert wurde. In späteren Rechtsquellen, wie in dem genannten Übergabeprotokoll von 1350 wird der „Wayse" im Lateinischen nur noch als „der Weiße" verstanden: „qui vocatur candidus." Daher war womöglich der ursprüngliche „Waise", den ein opalisierender Farbwechsel von weiß zu rot auszeichnete, inzwischen verlorengegangen, und es befand sich an seiner Stelle schon im 14. Jahrhundert ein schlichter weißer Stein.

Hier ist der Ort, um auf die Sinngebung der Farben Weiß-Rot seit der frühen Kirche bis ins hohe Mittelalter, ja bis zum Aufkommen der späteren weiß-roten Nationalfarben, hinzuweisen. Schon beim Kirchenvater Gregor von Nyssa im vierten Jahrhundert ist die Farbkombination Weiß-Rot ein Sinnbild für wahre Menschlichkeit, so wie das menschliche Antlitz bei guter Durchblutung zugleich weiß und rot ist. Eine Stelle aus dem Hohelied Salomons (5, 10) wurde hier zum Leitwort: „Dilectus meus, candidus et rubicundus." Der in enger Beziehung zum karolingischen Kaiserhaus stehende Theologe Hrabanus Maurus (780–856), Abt zu Fulda und Erzbischof von Mainz, sah in dieser Bibelstelle auch eine Beziehung auf

Fleisch und Blut Christi im Sakrament, was durchaus naheliegt: „Mein Geliebter ist weiß und rot, auserkoren unter vielen Tausenden. Sein Haupt ist feinstes Gold“ (Hoheslied 5, 10–11). Noch im Minnesang Wolframs von Eschenbach könnte eine leise Erinnerung an diese altchristliche Sinngebung der Farbkombination Weiß und Rot nachschwingen; denn Parzifal kommt in der berühmten Szene, da er plötzlich einen Blutstropfen im Schnee entdeckend erschrickt, gerade der Gleichnischarakter dieser Farben in den Sinn: sie erinnern Parzifal an die Grundfarben des menschlichen Körpers, an die Liebe zur Gattin Kondwiramur, die Gott gestiftet: „Gott will mir die Fülle der Seligkeit geben, da ich hier etwas fand, was Dir gleich ist! Ehre sei der Hand Gottes und aller seiner Kreatur!“ Möglich ist auch, daß von daher die ältesten Fahnen des Heiligen Römischen Reiches mit ihrem Kreuzeszeichen und ihren Farben Weiß und Rot solcher sakramentalen Frömmigkeit ursprünglich entsprochen haben. Denn Fahne und Wappen des alten Reiches tragen ein weißes Kreuz auf rotem Grund (wir kennen diese Fahne auch von vielen mittelalterlichen Gemälden, wo die sieghafte Auferstehung Jesu Christi von den Toten abgebildet wird). Diese Fahne, auch eine Kreuzzugsfahne, taucht erstmals unter den Stauferkaisern im 12. Jahrhundert auf. Von der Reichsfahne direkt ableitbar ist sicher das seit dem 14. Jahrhundert belegbare Schweizerkreuz und das Stadtwappen von Wien, weißes Kreuz auf rotem Grund. Selbst die Symbolik der dänischen Fahne des „Danebrog“, der ältesten heute noch gültigen Nationalfahne der Welt, die ja schon äußerlich mit der Schweizer Fahne so merkwürdig verwandt ist, ist gewiß nicht vom Himmel gefallen, trotz der Legende, daß der „Danebrog“ im Jahr 1223 vom Himmel herab ins dänische Heerlager zu Reval gefallen sein soll.

Bezüglich der mineralogischen Qualitäten sind sich die Gelehrten einig darin, daß es sich um einen Opal gehandelt haben müsse, was ja schon die Beschreibung des Albertus nahelegt. Die Diskussion, ob es sich um einen „Edelopal“ oder einen „Jaspis-Opal“ gehandelt habe, läßt gewiß die Entscheidung für einen Jaspis-Opal annehmbar erscheinen, weil der Jaspis in der Edelsteinsymbolik der Johannesoffenbarung als

Christus-Symbol eine große Rolle spielt. Da heißt es auf den letzten Seiten der Bibel von der heiligen Stadt Jerusalem, die aus dem Himmel von Gott herabkam: „Sie glänzte wie der alleredelste Stein, wie ein kristallklarer Jaspis . . . Die Mauer war aus Jaspis und die Stadt aus reinem Gold klar wie Glas. Und die Grundsteine der Mauer um die Stadt waren mit allen Arten von Edelsteinen geschmückt. Der erste Grundstein war ein Jaspis . . ." (Offb. 21, 11, 18–19).

Der Name „Orphanus", wörtlich: „das Waisenkind", dürfte auf byzantinische und nicht etwa, wie einmal vermutet wurde, auf islamische Edelsteinterminologie zurückgehen, wie überhaupt die für das Jahr 1071 nachweisbare Tatsache einer kostbaren Perle namens „Orphanos" unter den Insignien des byzantinischen Kaisers den Schluß zuläßt, daß das ottonische Kaiserhaus mit der Darstellung eines eigenen, nun abendländischen „Orphanus" in der Krone nicht nur eine orientalische Staatsinsignie kopieren, sondern daß sie damit auch mit Byzanz konkurrieren wollte. Der „Orphanus" dürfte als ein technischer Begriff byzantinischer Juweliere ursprünglich nichts anders als der dem Goldschmied auch heute bekannte „Solitaire" sein – ein einzigartiger Edelstein von besonderer Schönheit.

VIII

Der weise ob sime nacke ste

Unser Wissen über die äußere Qualität des Waisen und seinen Namen ist also relativ sicher. Auch über die Position des Waisen in der Krone herrscht in der Forschung weithin Einmütigkeit. Nachdem die frühere Theorie über zwei Waisen als Leitsterne, je vorn und hinten, als widerlegt gelten kann, behauptet sich die These, daß sich der Waise an jener Stelle auf der Stirnplatte befunden habe, wo jetzt ein herzförmiger Saphir von graulila Farbe sitzt. Tatsächlich ist dort ein ursprünglicher Stein verlorengegangen und ersetzt worden, weil jetzt der Saphir dort nicht in seine goldene Fassung paßt. Dennoch gibt es eine Reihe schwerwiegender Argumente, die auch für den Sitz des Waisen hinten auf der Nackenplatte sprechen. Sie zeigen, daß in der Antwort auf diese anscheinend sehr spezialistische Frage mehr liegt als ein kunsthistorisches Detailproblem. Die Antwort auf die Frage nach dem Ort des Waisen in der Reichskrone berührt nämlich auch ein gutes Teil deutscher Frömmigkeitsgeschichte und auch Rechtsgeschichte. Gegen die These, daß der Waise auf der Nackenplatte seinen ursprünglichen Platz hatte, kann im Grunde nur ein einziger Einwand erhoben werden: Mit der Plazierung des Waisen auf der Nackenplatte würde „die symbolhafte ‚Proklamation' des ‚Waisen' sinnlos" (G. Wolf). Entsprechend dem Stirnmedaillon und der sonstigen Auszeichnung der Stirnseite auf antiken und byzantinischen Herrscherkronen könne auch in der Reichskrone nur die Stirnplatte als Ort für den Waisen in Frage kommen. Dagegen steht eine Reihe verschiedenartiger Beobachtungen.

Zunächst müssen wir die Nackenplatte genau in Augenschein nehmen. Denn die Forschung hat bisher zu wenig beachtet, daß auch auf der Nackenplatte ein Stein verlorengegangen ist. Hier handelt es sich um den mittleren Stein der zweiten Reihe von oben, der jetzt durch einen modernen Hyazinth ersetzt ist (man beachte die moderne Schleiftechnik an diesem Stein). Der Verlust des Vorgängersteines geschah nachweislich in den Tagen der Krönung Josephs II. zu Frankfurt im Jahr 1764. Der also moderne Hyazinth auf der Nackenplatte ist rostrot mit einem von innen herausleuchtenden weißen Kern, so daß man fast fragen möchte, ob der heutige Ersatz-

Abbildung 15
Nackenplatte

Abbildung 16
Albrecht Dürer, Kaiser Karl der Große, Nürnberg 1511/13

stein des 18. Jahrhunderts an die Beschreibung des Albertus Magnus erinnern wollte.

Wie wenig in der späteren Bildtradition der Reichskrone die angebliche Plazierung des Waisen auf der Stirnplatte bemerkt wurde, beweist das Ölgemälde Albrecht Dürers mit Kaiser Karls Krone. Dort wird der mittlere oberste Stein der Stirnplatte in keiner Weise hervorgehoben. Dürer hat ihm mit einigen anderen Stellen einen grünlichen Ton gegeben. Auch eine aquarellierte Skizze Albrecht Dürers zeigt an der Stelle, wo gewöhnlich der mittelalterliche Waise vermutet wird, einen Edelstein mit deutlich grüner Farbgebung! Interessant für die Lösung dieses Problems ist auch ein kolorierter Kupferstich aus dem Jahre 1750, der den damaligen Zustand der Krone, in ihre einzelnen Platten zerlegt, festhielt – eine von Johann Adam Delsenbach im Auftrag des Rates der Stadt Nürnberg sehr sorgfältig durchgeführte Arbeit. Delsenbachs Wiedergabe der Nackenplatte zeigt an der Stelle des nach 1764 eingesetzten Hyazinths einen helleren, rosa-fleischfarbenen Stein. Den originalen Waisen wird Delsenbach gewiß nicht vor Augen gehabt haben, weil sich auch dieser Stein mit seiner deutlichen Einbuchtung in der rechten oberen Rundung nicht in die alte Fassung fügen will. Aber seine rosa Farbangabe ist möglicherweise eine Erinnerung an die seit Albertus festgehaltene Überlieferung. Jedenfalls ist festzuhalten, daß gegen die These vom Sitz des Waisen auf der Nackenplatte aufgrund des technisch-materialen Befundes und der Bildtradition zur Reichskrone keine durchschlagenden Einwände erhoben werden können.

Aber nicht nur die Reichskrone in ihrem heutigen Zustand und die ältesten Bilder der Reichskrone sprechen für die Annahme, daß der Waise auf der Nackenplatte saß, sondern auch die ältesten literarischen Quellen zur Reichskrone. Sämtliche bekanntgewordenen Texte, die überhaupt eine direkte oder indirekte Angabe über den Ort des Waisen machen, sprechen vom Sitz des Waisen „auf dem Nacken" oder „hinten". An erster Stelle sind hier die berühmten Königssprüche Walthers von der Vogelweide zu nennen. Eine eindeutige Aussage enthält jener Spruch, wo Walther das schon aus byzantinischer

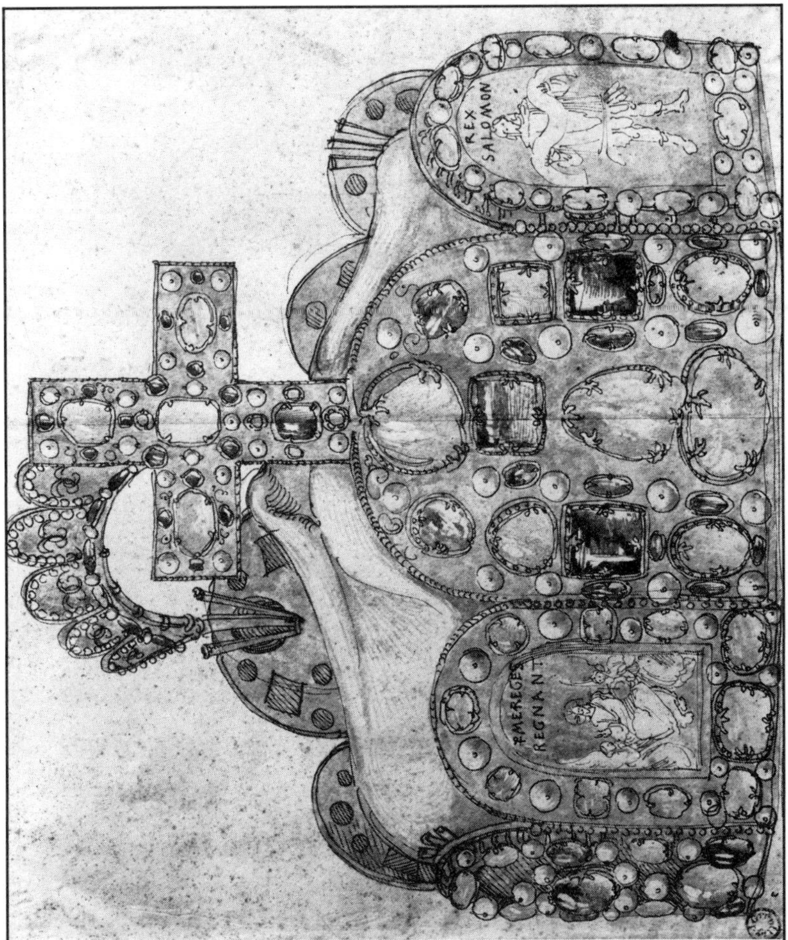

Abbildung 17
Albrecht Dürer,
Aquarellierte Skizze

Abbildung 18
Reichskrone zerlegt, Stich von I. A. Delsenbach, um 1750

und ottonischer Hofpanegyrik bekannte Motiv des Morgensterns auf den Waisen der Reichskrone bezieht:

„swer nû des rîches irre gê,
der schouwe wem der weise *ob sîme nacke stê*:
der stein ist aller vürsten leitesterne.“

(Lachmann-Kraus 19, 2–4: Wer jetzt nach dem Reiche sucht, der schaue, wem der Waise auf seinem Nacken steht. Der Stein ist aller Fürsten Leitstern.)

Auch die von Walther im anschließenden Spruch vorgestellte Königsprozession Philipps von Schwaben, Weihnachten 1199 beim Hoftag zu Magdeburg, erinnert an den Morgenstern des Evangeliums. Denn Königin, Sachsen und Thüringer dienen dem König, indem sie ihm, dem Träger der Reichskrone, nachfolgen, ebenso wie die Magier (die „Weisen“) aus dem Morgenland dem Christuskind. Auch wenn unser Edelstein, der Waise, in diesem Spruch nicht eigens genannt ist, so hat doch Walther eine Bedeutsamkeit der Reichskrone auch hier wieder darin gesehen, daß sie dem nachziehenden Gefolge Orientierung gibt, wie im vorgenannten Spruch als „leitestern“:

„er truoc des rîches zepter und die krône.
Er trat vil lîse, im was niht gâch:
im sleich ein hôhgeborniu küneginne nâch . . .
die Düringe und die Sahsen dienten alsô dâ,
daz ez den wîsen muoste wol gevallen.“

(Lachmann-Kraus 9, 13–15: Er trug des Reiches Zepter und die Krone. Er schritt würdevoll daher, ihm war nicht eilig. Gemessen folgte ihm eine hochgeborene Königin nach . . . Die Thüringer und Sachsen leisteten da ihren Gefolgschaftsdienst, daß es den Weisen aus dem Morgenland wohl gefallen müßte.)

Schließlich gibt ein dritter Spruch deutlich zu erkennen, daß allein der Waise der Reichskrone eine Gruppe von widerspenstigen Königen in die Vasallität zwingen soll, das heißt hier konkret: in den Eintritt in die Prozession hinter der Krone. Womöglich waren damit sogar die Könige von Frankreich, England und Dänemark gemeint, die in der Tat im Unterschied zur oktogonalen Reichskrone mit Rundkronen gekrönt waren, worauf Walthers Begriff der „cirkel" sicher anspielt:

> „die cirkel sint ze hêre, die armen künege dringent dich:
> Philippe setze en weisen ûf, und heiz si treten *hinder* sich."
>
> (Lachmann-Kraus 9, 13–15: Die Rundkronen sind zu keck, die kleinen Könige bedrängen dich. Setz Philipp den Waisen auf und laß sie nach hinten treten.)

Allein diese uns so bekannte Dichtung Walthers von der Vogelweide läßt den Schluß zu, daß jedenfalls in staufischer Zeit der Waise tatsächlich hinten auf der Nackenplatte saß. Dennoch hat die germanistische Forschung diesen Schluß nicht zu ziehen gewagt; denn sie versteht die Wendung „auf dem Nacken" im weiteren Sinne als auf dem Haupte befindlich. Diese Scheu, Walther beim Wort zu nehmen, dürfte freilich in einer „petitio principii" liegen, wohl weil die Germanisten für die Auffassung des Waisen über dem Nacken des Königs eine Stütze am Objekt der Reichskrone vermißten. Doch die Reichskrone selbst steht dieser Auffassung nicht entgegen. Erst recht muß der mittelhochdeutsche Ausdruck „Nacken" durchaus im heutigen Sinn verstanden werden. Es gibt dafür zahlreiche mittelhochdeutsche Textbelege. Nur ein Beispiel sei genannt: Im „Heinrich von Ofterdingen" wird dem Österreicher ein zusätzliches zweites Augenpaar gewünscht, damit er auch nach hinten in die Vergangenheit sehen kann, mit dem provozierenden Satz: „got im noch ougen zwei beschere in sînen nac. . . ."

Endlich gibt es auch Rechtsquellen, welche unsere Ansicht bestätigen. Eine ältere Forschung wollte diese insgesamt von den genannten Königssprüchen Walthers von der Vogelweide abhängig machen. Doch so weltfremde Literaturwissenschaftler waren und sind gelehrte Juristen gewöhnlich nicht, daß sie bei der Beschreibung eines in ihrer Zeit vorhandenen obersten Rechtsgutes die Zuflucht zu ein paar Versen eines hochmittelalterlichen Poeten hätten nehmen müssen. An erster Stelle ist der älteste durchdringende Kommentar zum Sachsenspiegel aus dem Jahr 1325 zu nennen, verfaßt vom bedeutenden Rechtsgelehrten Bologneser Schule Johann von Buch. In einer seiner Glossen hat Johann von Buch eindeutig festgehalten, daß sich der Waise in der Kaiserkrone hinten „nackenwärts" befindet, und er versteht diese Tatsache mit einer geistreichen und rechtstheologischen Deutung: „. . . und daß er seinen Nacken, das ist der Teil seines Reiches, den er nicht bewahren kann, und all sein Heil soll er befehlen dem Weißen, das ist dem, der unter allen Heiligen keinen Edleren hat noch der ihm gleich sein mag." Bei Überprüfung verschiedener Überlieferungen dieser Glosse und ihres Kontextes ist übereinstimmend festzustellen, daß Johann wirklich eine Kaiserkrone und darin wirklich einen nach hinten ausgerichteten kleinen weißen Stein vor Augen hatte. Allerdings sagt er im Kontext auch, daß er die bei der Kaiserkrönung durch den Papst benutzten Insignien zu kommentieren beabsichtige. Die nähere Ortsbestimmung des Waisen bezieht sich daher sehr wahrscheinlich auf ein bei der päpstlichen Krönung verwendetes anderes Kronenmodell. Es ist auch sonst bekannt, daß die Reichskrone bei den so zahlreichen auswärtigen Reisen und Prozessionen der Kaiser durch eine Kopie ersetzt werden konnte. Sollte also der in Italien studierte Johann von Buch eine solche, bei der päpstlichen Krönung in Italien verwendete Kopie vor Augen gehabt haben, so wäre gerade die Tatsache, daß eine Kopie der Reichskrone einen nach hinten ausgerichteten Waisen besaß, am ehesten als Treue zum Original zu bewerten.

In einem „Eisenacher Rechtsbuch" eines anderen namhaften Juristen Johannes Rothe um 1400 wird die Kaiserkrone nicht ebenso klar wie bei Johann von Buch als Kronenkopie beschrieben, so daß man sogar an das Original denken könnte. Die auffallend verwandte rechtstheologische Erklärung des Sinnes des Waisen läßt auch auf Abhängigkeit von Johann von Buch schließen: „Daß er in dem Nacken des Kaisers an der Krone steht, das bedeutet, daß ein Teil seines Reiches ist, den er nicht besehen mag, noch bewahren, das er muß befehlen Gotte . . .“ Fest steht also, daß auch für den Verfasser des Eisenacher Rechtsbuches der Waise hinten saß. Und es ist nicht einzusehen, warum er die zu seiner Zeit in Prag bei alljährlichen Heiltumsweisungen einem breiten Publikum vorgestellte Reichskrone so schlecht gekannt haben sollte, wenn im Falle des Waisen auf der Stirnseite er sich diesen irrtümlich auf der Nackenseite der Reichskrone vorgestellt haben sollte.

IX

Der christologische Sinn des Waisen

DA DIE PLAZIERUNG des Waisen auf der Nackenplatte auch durch literarische Quellen sowohl der Poesie als auch der Rechtsgeschichte reichlich nachgewiesen werden kann, ist endlich nach dem liturgischen und höheren theologischen Sinn des Waisen an dieser so unauffälligen und daher gerade so auffälligen Stelle zu fragen.

Als erstes ist zu beachten, daß nach dem Krönungsbericht des Widukind von Corvey, den er zur Aachener Krönung Ottos im Jahre 936 gibt, die Insignien schon vor der Krönung „auf dem Altar" bereitliegen, und daß der Mainzer Erzbischof vor der Krönung mit Otto „hinter den Altar" (pone altare) trat. Es ist daher gut vorstellbar, daß im ottonischen Zeitalter die Krone während des Gottesdienstes mit der Nackenplatte zur Gemeinde hin und mit der Stirnseite zum Chor hin auf dem Altar lag. So konnte sie der hinter dem Altar amtierende Coronator auch bequem zur Hand nehmen, um sie dem König aufs Haupt zu setzen. Andernfalls müßten wir dem krönenden Erzbischof beim Akt der Krönung eine unliturgische Verdrehung seiner Arme zumuten. Bis zum Akt der Krönung lag also die Krone auf dem Altar, so daß der Waise zum christlichen Volk hin sichtbar war. Aus der Neuzeit, besonders aus dem 17. Jahrhundert, sind anschauliche Berichte über Kaiserkrönungen vorhanden. Sie machen deutlich, daß die Krönungszeremonie, wie es überhaupt seit dem hohen Mittelalter gottesdienstlicher Brauch wurde, nun „vor" dem Altar stattfand. Aber auch dann und während langer Krönungsgebete müßte der Waise auf der Nackenplatte zum Reichsvolk hin gestrahlt haben, erst recht während der Eucharistiefeier, die der gekrönte Kaiser kniend vor dem Altar feierte, wobei er übrigens entsprechend der ihm zugesprochenen Weihe zum kirchlichen Diakonenamt das Abendmahl „in beiderlei Gestalt", in Brot *und* Wein empfangen durfte. Freilich bleibt es gewagt, trotz der Beharrungskraft kirchlicher Liturgien, eine frühneuzeitliche liturgische Form in Kontinuität zum frühen Mittelalter zu sehen.

Noch besser erklärbar wird der Sitz des Waisen auf der Nackenplatte der Reichskrone, wenn man hochmittelalterliche Krönungsprozessionen betrachtet. Offensichtlich hat sich das

Bild von einem dem Kronenträger nachziehenden Gefolge dem mittelalterlichen Zuschauer tief eingeprägt. Die Sicht Walthers von der Vogelweide, der ja in seinen Dichtungen mehrmals das Erlebnis von königlichen Prozessionen voraussetzt, dürfte damals selbstverständlich gewesen sein. Die hintergründig durchaus theologische Sinngebung solcher Prozessionen läßt den gekrönten Kaiser als Stellvertreter Christi erscheinen und die nachziehenden Fürsten und Vasallen erscheinen wie die Jünger Christi. Die Assoziation von Nachfolge des Kaisers und Nachfolge Christi, die sich dem Betrachter einer kaiserlichen Prozession im Mittelalter einfach aufdrängen mußte, hängt wohl auch kontextuell zusammen mit jenen feierlichen Gebeten der aus dem zehnten Jahrhundert stammenden ottonischen Krönungsliturgie, die den Herrscher als „exemplum" und „typus" Christi preisen, ja auch als „Stellvertreter Christi" - ein Titel, der dann im elften „salischen" Jahrhundert zu einer selbstverständlichen Bezeichnung des Kaisers werden konnte. Es muß offenbleiben, ob hier so etwas wie die Umsetzung altgermanischer Gefolgschaft in den Gedanken der Nachfolge Christi stattgefunden hat. Aber das Bild von der Nachfolge Christi legt sich bei der Vorstellung einer Herrscherprozession noch im 12. Jahrhundert überaus nahe. Das alles sollte sich jedoch nach dem entscheidenden Jahr 1077, als Kaiser Heinrich IV. zu Canossa vor Papst Gregor VII. Buße tat, allmählich radikal ändern. Seit dem Investiturstreit, der für das Papsttum so siegreich und folgenreich ausging, daß darüber das päpstliche Selbstverständnis verändert wurde, versteht sich der römische Bischof exklusiv nicht nur als Petri, sondern auch als Christi Stellvertreter, bis heute. Beherrschend geblieben aber ist in der abendländischen Kirchengeschichte das Bild von der Nachfolge Christi. Wie der Einzug Jesu Christi in die Stadt Jerusalem hat manch Einzug des Kaisers in eine mittelalterliche Burg oder Stadt auf die Zuschauer gewirkt. Der Kaiser ritt da an Christi Stelle, und sein Reiseziel wurde zum Berg Zion. Dabei ertönten „königliche Lobgesänge" (laudes regiae), die in Gegenwart des irdischen Königs oder Kaisers den König aller Könige priesen: Der Einzug des christlichen Königs machte die Ankunft des Christkönigs präsent. Wie sehr sich Laienfrömmigkeit beim Anblick des Königseinzuges zum Christuslob inspiriert fühlen konnte, klingt viel später noch an in unserem beliebtesten Adventslied, das Georg Weißel im Jahr 1623 dichtete: „Macht hoch die Tür, die Tor macht weit; es kommt der Herr der Herrlichkeit, ein König aller Königreich . . . O wohl dem Land, o wohl der Stadt, so diesen König bei sich hat. Wohl allen Herzen insgemein, da dieser König ziehet ein . . ." Und in einem anderen Choral des schon genannten Philipp Nicolai aus dem Jahr 1599 verbindet sich die Adventssymbolik mit der Nachfolgesymbolik und sieht beides versinnbildlicht in der Edelsteinsymbolik der Heiligen Schrift. Nicolais Choral „Wie schön leuchtet der Morgenstern" macht damit auch deutlich, wie noch zu seiner Zeit die biblischen Berichte über Edelsteine wirklich wörtlich verstanden werden konnten als sinnbildlicher Ausdruck des christlichen Evangeliums, nicht unähnlich der Edelsteinchristologie, wie sie dem Schöpfer der Reichskrone vor Augen gestanden haben dürfte:

> „Ei meine Perl, du werte Kron,
> wahr' Gottes und Mariens Sohn,
> ein hochgeborner König! . . .
> Geuß sehr tief in das Herz hinein,
> du leuchtend Kleinod, edler Stein,
> mir deiner Liebe Flamme . . .
> nach dir wallt mir
> mein Gemüte, ewge Güte,
> bis es findet
> dich, des Liebe mich entzündet . . .
> komm du schöne Freudenkrone,
> bleib nicht lange;
> deiner wart ich mit Verlangen."

Doch zurück zu unserer Spezialfrage. Schon 1950 hatte der Germanist Friedrich Ranke auf den merkwürdigen Befund hingewiesen, daß ausnahmsweise bei Prozessionen der Waise in der Reichskrone hinten sitzen könne, weil nach der Darstellung Walthers von der Vogelweide und anderer der König unter der Krone vor den Fürsten herziehe. Ranke kam deshalb zu der originellen These, daß der Herrscher vor dem Aufbruch zur Prozession die Krone herumgedreht haben müsse. Auch Friedrich Ranke war offensichtlich nicht klar, daß die Reichskrone selbst noch in heutiger Gestalt auf der Nackenplatte einen Platz für den ursprünglichen Waisen bereithält. Dennoch sollten Rankes weitere Überlegungen sehr ernst genommen werden. Ranke hat nämlich darauf hingewiesen, daß es im frühen Mittelalter einen Prozessionsgebrauch gab, bei dem das Prozessionskreuz nach hinten gewendet wurde, so daß die nachziehenden Pilger den Crucifixus und nicht die leere Rückseite des Kreuzes vor sich schweben sahen. Ranke erinnert an eine Stelle in Dantes „Göttlicher Komödie", wo der Lyriker Statius sagt, er sei Christ und Poet geworden durch eine der Dichtungen Vergils. Der Kontext macht deutlich, daß Dante die in patristischer Zeit und auch noch im Mittelalter bekannte Gleichsetzung des augusteischen Zeitalters mit der Ankündigung des Kommens Christi anklingen läßt:

„Du tatest wie der Wanderer in der Nacht,
der hinten trägt das Licht, das ihm nicht nützet,
doch allen denen, die ihm folgen, leuchtet,
als du die Worte sprachst:
‚Es kommen neue Zeiten,
Gerechtigkeit und Urzeit kehren wieder,
es steigt ein neu Geschlecht vom Himmel nieder!'
Durch dich ward ich Poet,
durch dich ein Christ." (purg. 22, 67–73)

Die Meinung, daß bei Prozessionen im frühen Mittelalter die Christusdarstellung nach hinten zur nachziehenden Pilgerschaft zeigt, läßt sich reich belegen. Seit dem Investiturstreit wird es zu einem Prozessionsbrauch exklusiv nur der Erzbischöfe und auch des Papstes, daß ihnen das Kreuz vorangetragen wird, und zwar so, daß ihnen das Bild des Gekreuzigten nach hinten zugewendet ist. Doch dieses sogenannte „Privilegium Crucis" konnte sehr wahrscheinlich vor dem Investiturstreit ein Privileg auch, wenn nicht gar ausschließlich, des Königs und Kaisers sein. Bemerkungen des Honorius von Augsburg lassen darauf schließen, und eindeutig ist das der

Abbildung 19 Aachener Lotharkreuz, 10. Jh., Vorderseite

Abbildung 20
Rückseite des Lothar-Kreuzes

Fall bei Stephan, dem ersten „heiligen“ König von Ungarn. Stephan war im Jahr 1000 vom Papst das Privileg verliehen worden, sich das Kreuz vorantragen zu lassen. Auch dieser liturgische Brauch dürfte von Byzanz abgeguckt gewesen sein. So wußte im elften Jahrhundert der italienische Bischof Benzo von Alba zu berichten, daß hundert Jahre zuvor der byzantinische Kaiser Nikephoros vor der Eroberung Antiochiens in feierlicher Prozession mit Krone auf dem Haupt und vorangetragenem Kruzifix um die Stadt gezogen sei. Dies geschah im Jahr 968 – zeitgleich mit Höhepunkten ottonischer Machtentfaltung im Westen. Die liturgische Ordnung der Kaiserkrönung nach dem sogenannten Salischen Kaiserordo sah dann auch vor, daß dem Kaiser das Kreuz und die heilige Lanze vorangetragen wurde. Doch schon im ottonischen „Mainzer Ordo“ des zehnten Jahrhunderts heißt es gleich zu Beginn der Krönungsliturgie, daß vor dem zu krönenden Herrscher „das heilige Evangelium und zwei Kreuze“ voranzutragen seien.

Diese liturgischen Besonderheiten können von archäologisch-kunsthistorischer Seite bestätigt werden. Im Abendland gibt es tatsächlich zahlreiche Prozessionskreuze mit einer Darstellung des Gekreuzigten auf der Rückseite, und es gibt sogar mehrere Beispiele, die für unser Thema sehr wichtig sind. An erster Stelle ist zu nennen das Lotharkreuz des Aachener Domschatzes, das wie die Reichskrone aus dem 10. Jahrhundert stammt. Dieses Kreuz war ein „Vortragekreuz“ bei Prozessionen. Auffallend daran ist, daß die kostbaren Kaiser-Darstellungen, am unteren Arm Lothar I. und am oberen Kreuzbalken die berühmte Gemme mit der wohl besten Darstellung des Kaisers Augustus, nach vorn zeigen. Nach hinten, zum Kreuz nachfolgenden Kaiser und zum ihm nachfolgenden Reichsvolk hin, befindet sich auf der Rückseite des Lotharkreuzes eine Darstellung der Kreuzigung Christi in gravierter Zeichnung. Das interessanteste Beispiel aber ist die Reichskrone selbst. Auf der Rückseite des aufsteckbaren Stirnkreuzes, das ebenfalls aus ottonischer Werkstatt stammt, befindet sich die Darstellung des Gekreuzigten! Schließlich gibt es in Münster zu Essen drei ottonische Kreuze, von denen eines, das ältere Mathildenkreuz, wie Hermann Fillitz nachge-

Abbildung 21
Reichskrone, Rückseite des Kreuzes

wiesen hat, in einer Werkstattbeziehung zur Reichskrone steht. Alle drei Essener Kreuze tragen auf der Rückseite eine allegorische oder direkte Christusdarstellung.

Freilich würde unser Vergleich zunächst bedeuten, daß die Christusdarstellung auf der Rückseite des Kreuzes der Reichskrone für den dem Kronenträger unmittelbar Nachfolgenden sichtbar gewesen sein müßte. Wäre dann der Nachfolger der Krone der krönende Geistliche oder wäre es Ottos Sohn, der spätere Otto II. gewesen, der, wie zu sehen ist, als Salomon in der Reichskrone in unmittelbarer Beziehung zu seinem Vater als David steht? Oder die Kaiserin? Offene Fragen. Jedenfalls müßte man aus dieser Beobachtung zunächst schließen, daß der jetzige Kronenbügel, der den Blick zum Kreuz verstellt, keinen ottonischen Vorgängerbügel gehabt haben kann, und daß folglich dieser Brauch, wonach das Kronenkreuz für die dem Kaiser nachfolgende Person sichtbar war, schon im frühen 11. Jahrhundert vergessen worden war, als der Bügel Konrads II. aufgesetzt wurde. Das aber ist unwahrscheinlich. Denn nicht übersehen werden darf, daß alle auf der Reichskrone abgebildeten Könige (David, Salomo, Hiskia) Bügelkronen tragen. So ist eigentlich nur der Schluß möglich, daß auch die Reichskrone von Anfang an einen Bügel hatte. Eine ganz andere Lösung des Problems verdient daher besondere Beachtung: Sollte das auch heute noch abnehmbare Kronenkreuz dem Kaiser selbst vorangetragen worden sein und als ein Teil des ganzen Krönungsornats erst im hohen Mittelalter, als man den Brauch des „Privilegium Crucis" vergessen hatte, der Stirnplatte fortan für immer aufgesetzt worden sein? Vielleicht bietet auch der „Mainzer Ordo" mit der Erwähnung von „zwei" voranzutragenden Kreuzen eine Erklärung. Sollte das eine Kreuz das große Prozessionskreuz gewesen sein, das dem ganzen Krönungszug vorangetragen wurde, und sollte das zweite Kreuz mit dem kleinen, erst später der Reichskrone aufgesteckten Stirnkreuz, zu identifizieren sein, und sollte dieses kleine Kreuz dem Träger der Krone unmittelbar vorangetragen worden sein, so daß er die Christusdarstellung auf der Rückseite direkt vor Augen hatte?

Wie dem auch sei. Der auffällige Prozessionsbrauch in der Liturgie des „Privilegium Crucis“, wo Christus zurückblickt zu seinem Nachfolger, macht jedenfalls die Plazierung des Waisen rückwärts auf der Nackenplatten auch christologisch evident. In ottonischer Zeit und auch noch lange danach war offenbar bei Krönungsprozessionen die nach hinten zeigende Christusdarstellung ein entscheidendes Motiv. Die Christusdarstellung der Rückseite des Kronenkreuzes wäre somit eine bildliche Erklärung zum ebenfalls rückwärts ausgerichteten Waisen auf der Nackenplatte der Krone. Hinsichtlich dieser christologischen Erklärung des „Waisen“ auf der Nackenplatte ist schließlich auch zu beachten, daß der im Neuen Testament öfters erwähnte Schlußstein des Tempels, der das Gebäude der Kirche zusammenhält, ein Christusstein ist. Schon im Neuen Testament ist dieser Eckstein, der „lapis angularis“, der genauer als „Schlußstein“ zu bezeichnen ist, eine Selbstbezeichnung Christi (besonders Matth. 21, 42; Apg. 4 11). Daran haben sich natürlich die mittelalterlichen Ausleger gehalten. Gerade der Fuldaer Abt und Erzbischof von Mainz, Rhabanus Maurus, bietet dafür in seiner hochtheologischen Edelsteinlehre anschauliche Exegesen. Daher ist der auf der Nackenplatte befindliche Waise im Rahmen des Gesamtprogramms der Reichskrone sehr wahrscheinlich auch ein Bild des biblischen Schlußsteines, des „lapis angularis“ und ist auch daher als ein Zeichen für Christus zu verstehen. Eine Stelle des 1. Petrusbriefes paßt vorzüglich zu dieser Ansicht; es ist auch seit altkirchlicher Zeit eine Epistellesung zum „Weißen Sonntag“, dem Sonntag nach Ostern: „Zu Ihm (Christus) seid ihr gekommen als zu dem lebendigen Stein . . . auch ihr als die lebendigen Steine zum geistlichen Hause . . . Siehe ich lege einen auserwählten, köstlichen Eckstein in Zion . . . ihr aber seid das auserwählte Geschlecht, das königliche Priestertum (vos estis regale sacerdotium), ihr seid das heilige Volk, das Volk des Eigentums, daß ihr verkündigen sollt die Wohltaten dessen, der euch berufen hat von der Finsternis zu seinem wunderbaren Licht“ (1. Petr. 2, 4–9).

X

Vision des Reiches

DIE REICHSKRONE und das durch sie und andere Insignien und Reichsgüter bestehende Kaisertum war eine europäische politische Größe, die immerhin 844 Jahre, vom Jahr 962 bis zum Jahr 1806, als Franz II. von Habsburg die Kaiserkrone niederlegte, Bestand hatte. Die Reichskrone war die Krone einer europäischen Völkerfamilie, diese verbindend, ja auch einigend. Die in unserer Zeit damit vergleichbaren Institutionen europäischer Integration und Einheit haben dagegen wahrlich keine große Geschichte hinter sich. Das spüren wir schon bei der Lektüre von Tageszeitungen, die uns etwas aus Brüssel oder Straßburg oder Luxemburg berichten. In Erinnerung an die alten Reichssymbole wird man sogar fragen dürfen, ob jemals der europäischen Einheit eine sichere Zukunft beschieden sein wird, wenn die Europapolitik absieht von der Überzeugungskraft menschlich verbindender Symbole. Es liegt am Tage, daß von einer ausschließlich auf nationalen wirtschaftlichen Eigennutz ausgerichteten Europäischen Gemeinschaft keine emotionale, auch die einzelnen Nationen und überhaupt die einzelnen Menschen zur Eintracht fordernde geistige Kraft ausstrahlen kann.

Freilich, die Völker in der Mitte Europas spüren stärker als die Völker in der geographischen Randlage die Notwendigkeit zu europäischer Eintracht, politisch und geistig. Hier in der Mitte Europas waren die politischen und ideellen Spannungen Europas von jeher stark und explosiv. Das läßt sich in einer merkwürdigen Abfolge von spannungsvollen Dualismen gerade in der deutschen Geschichte aufzeigen: Die Reichskrone selbst spiegelt zwar noch die Dominanz eines unbeschränkten Kaisertums im ottonischen Zeitalter, als der Papst zu Rom fast in die Rolle eines ottonischen Hofbischofs gedrängt werden sollte. Dementsprechend hat die Krone der Ottonen den stadtrömischen und päpstlichen Interessen jenes Zeitalters keinen sinnbildlichen Ausdruck gegeben. Aber das sich in dieser Krone zeigende Reichskirchenverständnis der Ottonen sollte bald schon jenen spannungsvollen Dualismus zwischen Kaisertum und Papsttum, zwischen Sacerdotium und Imperium provozieren, der im Investiturstreit im 11. Jahrhunderts zum offenen Kampf wurde und an dessen Ende umgekehrt das Papsttum dominierte, ja die römisch-katholische Kirche eigentlich zur Papstkirche geworden war. Aus dem 12. Jahrhundert ist dann an den welfisch-staufischen Gegensatz zu erinnern; dann im 16. Jahrhundert an das bis heute nicht überwundene konfessionelle Gegenüber von Katholisch und Evangelisch; im 19. Jahrhundert dann auch an die Auseinandersetzung zwischen Österreich und Preußen. Schließlich steht uns von 1945 bis 1989 der Gegensatz zwischen westlicher Demokratie und sozialistisch-marxistischer Volksrepublik vor Augen, der Europa mit „Eisernem Vorhang" in der Mitte trennte.

Es war immerhin die große Kraft des Alten Reiches, daß es trotz ständig abnehmenden Machtpotentials seit dem Zeitalter der Karolinger und Ottonen schwerste Spannungen ausgehalten hat und auch mit seiner geistigen Kraft immer wieder zur politischen Erneuerung beigetragen hat. In der deutschen und österreichischen Geschichte hat keine einzige Verfassung eine ebensolche Dauerhaftigkeit gezeitigt wie die des alten Heiligen Römischen Reiches von 962 bis zum Jahr 1806. Allein daher muß dieses Reich heute noch politisch beachtenswert bleiben. Natürlich machte der innere Zusammenhalt auch äußere Abgrenzungen erforderlich. Noch heute mag man etwas von der Dauerkraft des alten Reiches spüren, wenn man beachtet, daß die Einheit Jugoslawiens gerade dort am meisten bedroht ist, wo im 18. Jahrhundert die Grenze des Heiligen Römischen Reiches verlief.

Lassen wir beiseite das delikate und immer wieder erörterte Rechtsproblem, ob Franz II. an jenem denkwürdigen 6. August 1806, als er auf die Reichskrone Verzicht leistete, überhaupt die Kompetenz hatte, das Reich für beendet zu erklären. Im deutschen Volk hat man damals offensichtlich kein solches Problem empfunden. Goethe dürfte den Nagel auf den Kopf getroffen haben, als er, just auf einer Reise nach Straßburg, die Stimmung im Volke notierte: Der Streit der Kutscher auf dem Bock interessierte die Fahrgäste mehr als die neue Kunde vom Untergang des Reiches. Dennoch kann nicht übersehen werden, daß die beiden nachfolgenden und gegenüber dem alten ersten Reich sehr kurzfristigen deutschen Reiche – das 47 Jahre dauernde wilhelminische, preußisch-deutsche Kaiserreich (das „zweite" Reich) und das noch kürzere, zwölf Jahre dauernde nationalsozialistische Deutsche Reich (das fürchterliche „dritte" Reich) - irgendwie doch die Kontinuität zu jenem alten Reich suchten, trotz tiefgreifender Veränderung und Verkehrung der alten Reichsidee. Noch die Bundesrepublik Deutschland steht in verschiedener Hinsicht in der Rechtsnachfolge des Deutschen Reiches, die sie zumal gegenüber den Opfern des NS-Regimes wahrnimmt. Auch die Obhutspflicht der Bundesrepublik Deutschland gegenüber den deutschen Aussiedlern aus Osteuropa und, sehr folgenreich, von 1949 bis 1989 gegenüber den Bürgern der DDR ist verfassungsgeschichtlich nur auf dem Hintergrund einer Kontinuität der Bundesrepublik zur früheren deutschen Reichsgeschichte zu begreifen. Der vielzitierte Satz in der Präambel des Grundgesetzes der Bundesrepublik Deutschland: „Das gesamte deutsche Volk bleibt aufgefordert, in freier Selbstbestimmung die Einheit und Freiheit Deutschlands zu vollenden", ist Ausdruck dieses Kontinuitätsbewußtseins und zeigt, daß es auch nach dem Ende der Vergewaltigung des Reichsgedankens durch die Nazi-Herrschaft immer noch so etwas wie eine Reichsstaatsangehörigkeit aller Deutschen gibt.

Dies alles bedenkend muß auch daran erinnert werden, daß die Fahne der Bundesrepublik Deutschland beinahe an die Tradition der alten mittelalterlichen Reichsfahne, wie sie gelegentlich in staufischer Zeit bezeugt ist, angeknüpft hätte: Weißes Kreuz auf rotem Grund. Vor dem 20. Juli 1944 hatte der katholische Rechtsanwalt Josef Wirmer einen dahingegenden Plan. Wirmer war ein Mann und Märtyrer im Widerstand gegen das Naziregime; er wurde am 8. September 1944 in Berlin-Plötzensee hingerichtet. In jener bewegten Zeit wurde der Plan geboren, dem neuen Reich nach erfolgtem Umsturz eine Fahne zu geben, welche sowohl die seit 1848 zum demokratischen Symbol gewordene Trikolore Schwarz-Rot-Gold als auch das christliche Kreuz der skandinavischen Fahnen darbieten sollte. Vermutlich wußte Josef Wirmer nichts von der sicherlich nicht zufälligen Identität der dänischen Fahne, von der ja Schwedens und Norwegens Staatssymbol abhängig sind, mit einer alten Reichsfahne. Jahre später, nicht nach Umsturz, sondern nach dem völligen Zusammenbruch des dritten Reiches, konnte der CDU-Politiker Ernst Wirmer die Idee seines Bruders Josef im Parlamentarischen Rat zu einem konkreten Vorschlag erheben: „Die Flagge des Bundes zeigt auf rotem Grunde ein schwarzes liegendes Kreuz und auf dieses aufgelegt ein goldenes Kreuz." Der Antrag wurde mit nicht überwältigender Mehrheit (34 dagegen, 23 dafür) in der entscheidenden 22. Sitzung des Hauptausschusses am 8. Dezember 1948 abgelehnt. Nun kann es aber nicht Aufgabe dieser Betrachtungen der Reichskrone und ihrer Geschichte sein, ein damit zusammenhängendes, erst recht delikates, nämlich aktuelles verfassungsrechtliches Problem zu lösen, welches der Präsident des deutschen Bundesverfassungsgerichts Roman Herzog zum Jahresbeginn 1990 mit der These in Erinnerung rief, daß „das Deutsche Reich nicht untergegangen ist." Herzog erklärte, daß das Deutsche Reich nie annektiert worden sei, und es sei vor allen Dingen durch die Siegermächte von 1945 auch nicht aufgehoben worden. Uns soll zum Schluß nur der allgemein geistes- und kulturgeschichtliche Ertrag des alten Reichsgedankens interessieren, der in der Reichskrone ersten künstlerischen Ausdruck gefunden hat, und dies mittels einer wesentlich christlichen Sinngebung.

In der neueren Diskussion um die Identität des deutschen Volkes wird immer wieder behauptet, daß die Deutschen ihre Identität erst in Zukunft wiederfinden müßten. Ein Schritt dahin ist sicher die heute öfters geäußerte Meinung, daß man von der Einheit Deutschlands künftig nicht mehr in nationalstaatlichen, sondern in kulturellen Begriffen reden sollte. Der Begriff der Einheit der Kultur ist tatsächlich der für die Identität der Deutschen der zuallererst gegebene Begriff. Erstaunlicherweise wird dabei aber der Begriff des „Reiches" überhaupt nicht diskutiert. Dabei ist dieser durchaus ein zentraler Begriff der deutschen Kulturgeschichte. Es ist sehr zu bezweifeln, daß die Diskussion um die deutsche Identität von der alten Reichsgeschichte und der sie tragenden *christlichen* Grundanschauung so völlig absehen kann, wie das in der Literatur, zumal in der Literatur über das nationalsozialistische

Regime, geschieht. Dieses sozusagen peinliche Schweigen ist nämlich nicht nur Ausdruck eines Vergessens, sondern auch einer Verdrängung.

Die Identität der Deutschen, nach der immer wieder gefragt wird und nach der sich die Deutschen selbst immer wieder fragen, ist auf dem Hintergrund der europäischen Reichsgeschichte wesentlich eine europäische Identität. Daher berührt sich auch die Frage, wo denn die Hauptstadt Deutschlands liegt, mit der Frage, wo die Hauptstadt Europas liegt. Aber eine feste Antwort auf diese Frage kann es gerade daher nicht geben. Das alte Reich war stets in Bewegung. Kaiser und Krone sollte keine nationale Heimstätte haben. Wer einen deutschen nationalen Einheitsstaat auch unter Berufung auf Deutschlands Mittelalter erneuern will, muß sich daran erinnern lassen, daß die „Heimat" beispielsweise der Reichskrone längere Zeit in Regionen außerhalb des heutigen Deutschlands war: im elsässischen Hagenau, auf der Schweizer Kyburg, und, besonders lange, in Prag und Wien.

Seit der völligen Veränderung und schließlichen Auflösung der DDR, seit den Jahren 1989 und 1990, wurde zunächst in der ausländischen, dann aber auch in der inländischen Presse die Sorge vor einem neuen, nun „vierten" deutschen Reich artikuliert. Kirchengeschichtlich gesehen, wäre die Sorge vor einem Wiederaufleben der alten Reichsidee in der Tat begründet, wenn diese wieder, wie im zweiten und im dritten Reich deutscher Geschichte, rein national, unökumenisch und daher im Kern unchristlich wäre. Überhaupt steht die Behauptung eines zweiten, dritten oder gar vierten Reiches in einem eklatanten Widerspruch zum Wesen des angeblich „ersten" Reiches. Denn dieses „Heilige Römische Reich" kannte zwar eine stetige Erneuerung seiner selbst und kannte daher auch die Übertragung der Zentralgewalt auf neue politische Mächte und Herrscherpersönlichkeiten, es kannte aber nicht die völlige Verwandlung und Ersetzung seines Herrschaftssystems. Der Gedanke der Erneuerung des Reiches („renovatio imperii") war diesem Reich allerdings eigentümlich, verstand es sich doch selbst als ein christlich erneuertes „römisches" Reich. Ebenso war ihm der Gedanke der Übertragung der

Reichsgewalt eigentümlich („translatio imperii"). Daher bedeutet schon die nummerierende Zählung von deutschen Reichen ein Mißverständnis des alten Reichsgedankens.

An zahllosen kulturgeschichtlichen Beispielen aus Literatur und Kunst kann man zwar studieren, wie sich im Laufe des 19. Jahrhunderts in Deutschland die Meinung verfestigte, daß das Heilige Römische Reich nicht mehr zeitgemäß war und daß sein Ende 1806 überfällig gewesen war. Aber man kann dabei auch studieren, wie sich in die Nachrufe auf das alte Reich immer wieder die Zuversicht auf ein ganz anderes, neues nationales deutsches Reich mischte. So überlebt nun aber seinerzeit der alte mittelalterliche Feudalismus war, so überlebt ist aus heutiger Sicht nun auch der deutsche Nationalismus.

Schon das Verständnis des „Heiligen Römischen Reiches" als ein wesentlich „deutsches" Reich mißachtet seine von ihm immer beanspruchte „christliche" Identität. Allein wegen dieser „christlichen" Identität war das „Heilige Römische Reich" eine ökumenische, den verschiedenen Völkern Schutz bietende, sie aber nicht vereinnahmende weltpolitische Institution, der ein nationalistisches Streben nach staatlicher Unabhängigkeit nur gefährlich werde mußte. Wer die ältere Kirchengeschichte kennt, weiß, daß der erst in der Neuzeit als eine Folge der Französischen Revolution entstandene Nationalismus nicht mit dem Neuen Testament und mit der älteren Kirchengeschichte begründet werden kann.

Weil nun aber in der säkularen Welt des 20. Jahrhunderts das Christentum keine unmittelbare politische Gewalt beanspruchen darf, muß der Kulturhistoriker und Kirchenhistoriker vor einem plötzlichen Wiederaufleben des Reichsgedankens in rein nationaler, unökumenischer und unchristlicher Form warnen. Es würde nur ein weiteres Mal ein großer Leitbegriff europäischer Geschichte seines eigentlichen Sinnes beraubt. Der im 19. und 20. Jahrhundert oft geforderte und feierlich beschworene „Sonderweg" der deutschen Politik war ein Irrweg geworden, der mit den Denkmalen einer zentraleuropäischen christlichen Kaiserkultur dekoriert war, dann aber in zwei Weltkriege geführt hat. Es war der Weg der christlichen Religion nur noch im mißverstandenen Erbe. Ein ähnlicher neuer Sonderweg unter Berufung auf das geschichtliche Erbe würde sich erübrigen, wenn die im christlichen Erbe ruhende Verheißung ernst genommen wird, wie sie beispielhaft aus den Bildplatten der Reichskrone spricht:

Sittliche Kultur im Bild der Salomonplatte:

> „Ehre den Herrgott und weiche vom Bösen",

Menschenrechtskultur im Bild der Davidplatte:

> „Die Ehre des Königs liebt den Rechtsspruch",

Bewußtsein der Angewiesenheit auf Vergebung und Gnade im Bild der Hiskiaplatte:

> „Siehe ich will deine Lebenstage noch um 15 Jahre verlängern",

und das Bewußtsein der Begrenztheit politischer Macht durch die allumfassende Königsherrschaft Christi als der Offenbarung Gottes in dieser Welt, wie es die Platte mit der „Majestas Domini" ausdrückt:

> „Durch mich herrschen die Könige."

Freilich, trotz des fürchterlichen Mißbrauchs der Reichsidee in der jüngeren deutschen Geschichte, zumal im sogenannten „Dritten Reich", leuchtet hinter dem Begriff „Das Deutsche Reich" immer noch die Symbolik des alten Reiches hervor, wo ein wesentlicher Grund deutscher, österreichischer und auch europäischer Identität verborgen ist. Diese herrlich strahlende Reichskrone war ein Symbol transnationaler, europäischer Würde, weshalb sie sich auf nationalstaatliche deutsche Symbolik überhaupt nicht festlegen läßt. Und sie war ein Symbol mit ökumenischer Würde; sie spiegelt noch die alte konfessionelle Einheit des Abendlandes. Sogar noch nach dem 16. Jahrhundert, nach dem Zeitalter der Reformation, war es bis ins

18. Jahrhundert unumgänglich, daß sich im Krönungsgottesdienst die katholischen und protestantischen Reichsstände gemeinsam versammelten.

Das Erreichen von politischer und konfessioneller „Konkordanz", um an diesen Leitbegriff des alten Reichsbischofs Nikolaus von Cues zu erinnern, ist so aktuell wie einst im alten Heiligen Römischen Reich – eine sowohl politische als auch kirchliche Aufgabe: Eintracht der Nationen in einer sichtbaren, doch mehr noch unsichtbaren christlichen Gemeinschaft. Die christliche Kirche als eine Weltgemeinschaft trägt die Last der Politiker mit, warnend, Schuld benennend, vergebend, tröstend und aufbauend und manchmal auch, indem sie in die Bresche springt und stellvertretend den für das Allgemeinwohl notwendigen Dienst tut. Immer bleibt sie durch Wort und Sakrament in Gemeinschaft mit Christus, der einerseits seinen Jüngern die Herrlichkeit Gottes nur in der Geborgenheit der Kirche erfahrbar gemacht hat und andererseits das Licht der Wahrheit auch vor aller Welt in Wort und Tat offenbar gemacht hat. Beides, die Erfahrung der Herrlichkeit Gottes im inneren Kreis kirchlicher Gemeinschaft und das Leuchten der Wahrheit vor aller Welt, bleibt in dieser Welt immer noch in einer erwartungsvollen Beziehung (vgl. Matthäus 17, 9 mit Kapitel 5, 16). Deutlich lehrt die Kirchengeschichte, daß die kirchliche und meist im Verborgenen stattfindende Ökumene eine Vorreiterrolle in der Geschichte der politischen Ökumene gehabt hat. Denn es ist eine kirchengeschichtliche Tatsache, nicht nur im Mittelalter, sondern von Anfang an, als der Herr der Kirche das Bekenntnis vor Pontius Pilatus ablegte, daß die immer zu bewahrende Einheit der Christenheit in *einer* Kirche eine weltpolitische Dimension hat, daß also die christliche Ökumene im Dienst steht einer weltweiten politischen Ökumene menschlichen Gemeinwohls.

Man kann die Geschichte und die Bedeutung der Reichskrone als eines europäischen Symbols besser verstehen, wenn man sich klar macht, daß ihre „eigentliche" Aussage ein transzendentes Ziel hat, auf das hin jeder Christ in Bewegung ist. Dem entspricht ganz konkret die so bewegte äußere Geschichte der Reichskrone, ihr Prozessionscharakter im Kleinen wie im Großen. Der Begriff der „Identität", der ein so wichtiger Begriff moderner Kultur geworden ist, meint hier eben eine „Übereinstimmung" und eine „Gleichwesenheit" mit einem jenseitigen Ziel, das in der augustinischen Vision mit Glückseligkeit (beatitudo) identisch ist – doch erst jenseits des politischen Alltags. So verweist der Kirchenvater zum Schluß seines „Gottesstaates" auf die Symbolik der Acht-Zahl, die ja auch das Strukturmerkmal der Reichskrone ist. Augustin schließt mit der Vision eines Weltsabbats, „der nicht im Abend enden wird, sondern im Herrentag als einem ewigen achten Tag, der durch die Auferstehung Christi geheiligt ist und die ewige Ruhe nicht nur des Geistes, sondern auch des Leibes vorbildet. Dort werden wir feiern und schauen, schauen und lieben, lieben und loben." – Die moderne politische Utopie kann damit natürlich nichts mehr anfangen. Es ist bezeichnend, daß sich die marxistisch inspirierte philosophische Utopie Ernst Blochs immer wieder auf Augustins Wort „Wir werden der siebte Welttag sein" berief, ohne den Fortgang zu beachten, daß der Weltsabbat enden wird im ewigen Auferstehungstag. Doch keine innerweltliche politische Utopie war die alte Reichsidee. Sie relativierte die Welt der Politik durch die Vision des ewigen Reiches. Sie verband das politische Geschäft mit der christlichen Hoffnung.

Im Letzten bleibt also für den Christen nur eine einzige Vision eines neuen Reiches verheißungsvoll. Sie ist in den neutestamentlichen Verheißungen vom Reiche Gottes ausgesprochen (vgl. Joh 18, 36; Röm 14, 17; Matth. 6, 10 und 13), das „nicht von dieser Welt" ist, das „nicht Essen und Trinken, sondern Gerechtigkeit, Friede und Freude im heiligen Geist" ist, das bei Gott ist und von Gott zu den Menschen kommt und das die Christen in ihrem Gebet herbeisehnen: „Dein Reich komme . . . Denn Dein ist das Reich und die Kraft und die Herrlichkeit in Ewigkeit." Folglich berührt sich der politische Reichsgedanke, wie er in der zentraleuropäischen Geschichte mächtig war, im Letzten mit dem Reich-Gottes-Gedanken. Hier berühren sich Politik und Eschatologie, Weltgeschichte und Ewigkeit. Daher muß der politische Reichsgedanke immer offen und wohl auch fragwürdig, jedenfalls von seinem letzten Ziel her kritisierbar bleiben. Während der Mythos den Menschen oft nur zum Rückblick zwingt in seine geschichtliche und vorgeschichtliche Vergangenheit, will das christliche Symbol sowohl die Vergangenheit als auch die Zukunft des Menschen bewahren. Hier ist es nicht der Mensch, sondern Gott selbst, der durch Christus zurückblickt zum Menschen seiner Nachfolge und ihm immer voraus ist.

Anhang

Das ottonische Krönungsgebet und ein Augenzeugenbericht über die Krönung Ferdinands IV. in Regensburg 1653

DER SOGENANNTE „Mainzer Ordo" überliefert die Liturgie des Krönungsgottesdienstes aus ottonischer Zeit. Nachdem der König eingekleidet worden ist und ihm unter Gebeten Schwert, Ring, Zepter und Stab überreicht worden sind, folgt die eigentliche Krönung. Daran schließen sich an die Thronsetzung und ein eucharistischer Gottesdienst. Im Krönungsgebet kommt Wesentliches der ottonisch-salischen Reichskirche zum Ausdruck: Der gekrönte weltliche Herrscher leistet den „äußeren" Gottesdienst der Kirche, indem er sie nach außen verteidigt. Dadurch hat er in gewisser Weise teil am geistlichen Amt der Bischöfe. Eine uralte, seit der konstantinischen Wende des vierten Jahrhunderts bekannte Formel wird damit aufgenommen. Schon Kaiser Konstantin hatte sich einen „Bischof für das Äußere" genannt. Diese Vorstellung wird hier überhöht durch die Idee der Stellvertretung Christi im politischen Beruf. Assistiert von zwei Bischöfen spricht der Erzbischof unter dem Aufsetzen der Krone das Gebet in lateinischer Sprache:

> „Empfange die Krone des Reiches, die aus unwürdigen Händen der Bischöfe dennoch deinem Haupte aufgesetzt wird. Mögest du wissen, daß sie

heiligen Ruhm, Ehre und tapferes Handeln klar vor Augen stellt und möge dir ganz bewußt sein, daß du durch diese Krone an unserem Amt teilhast, damit so, wie wir in inneren Dingen als Hirten und Lenker der Seelen erkannt werden, du auch in den äußeren Dingen als ein wahrer Gottesdiener und mächtiger Verteidiger der Kirche Christi gegen alle Feindschaften tätig wirst, auch als Verteidiger des Reiches, das dir von Gott gegeben ist und das nun, indem wir den Dienst des Segnens an Stelle der Apostel und aller Heiligen vollziehen, deiner Leitung anvertraut wird. Mögest du als des Reiches nutzbringender Verwalter und tüchtiger Herrscher in Erscheinung treten, damit du, geschmückt mit Edelsteinen der Tugend und gekrönt mit dem Siegespreis immerwährender Glückseligkeit im Kreise ruhmreicher Streiter zusammen mit dem Heiland und Erlöser Jesus Christus ohne Ende verherrlicht wirst. Dir ist anvertraut, seinen Namen und sein Stellvertreteramt zu führen, der als Gott in der Einheit mit Gott dem Vater lebt und herrscht."

Dieses Gebet, aber auch die meisten anderen Teile der ottonischen Krönungsliturgie waren noch bis in die Neuzeit bei Krönungen im Gebrauch. Doch sind die Krönungen zum römischen König und zum römischen Kaiser zu unterscheiden. Die eigentliche Krönung war seit dem 11. Jahrhundert die Krönung zum „römischen König". Erst die letzten, ausnahmslos in Frankfurt am Main stattfindenden Krönungen seit Karl VI. (gekrönt 1711) sind nur noch Kaiserkrönungen gewesen. Die mittelalterlichen Kaiserkrönungen, denen die Königskrönung also meist voranging, wurden vom römischen Papst vollzogen. Aber seit der Kaiserkrönung Friedrichs III. 1452 durch Papst Nikolaus V. war in der Stadt Rom kein Kaiser mehr gekrönt worden. Die letzte Kaiserkrönung durch einen Papst überhaupt geschah im Zeitalter der Kirchentrennung: Das war 1530, als Karl V. von Papst Clemens VII. in Bologna zum Kaiser gekrönt wurde. Die meisten dieser Kaiserkrönungen durch den Papst wurden nicht mit der Reichskrone, sondern mit anderen Kronen vollzogen. Die Reichskrone gehört mithin in liturgischer Hinsicht besonders zur *Königskrönung*, die freilich der *Kaiserkrönung* voranging und seit dem 18. Jahrhundert in dieser aufging.

Die mittelalterlichen *Königskrönungen* geschahen bis zur Krönung Ferdinands I. (1531) bis auf wenige Ausnahmen im Aachener Münster. Im Mittelalter war aber auch der Mainzer Dom Krönungsort bei Heinrich II. (1002), Konrad II. (1024), Philipp von Schwaben (1198) und Friedrich II. (1212). Das Bonner Münster war Krönungsort bei Friedrich „dem Schönen" von Österreich (1314). Nach der letzten Aachener Krönung Ferdinands I. (1531) wechselten die Krönungsstätten: Frankfurter Dom bei Maximilian II. (1562), Regensburger Dom bei Rudolf II. (1575), Ferdinand III. (1636) und Ferdinand IV. (1653), Augsburger Dom bei Joseph I. (1690). Ohne Königskrönung, gleich zum Kaiser wurden im Frankfurter Dom gekrönt Matthias (1612), Ferdinand II. (1619) und Leopold I. (1658). Von Karl VI. (1711) bis zur letzten Krönung von Franz II. (1792) fanden alle Kaiserkrönungen nur noch im Frankfurter Dom statt.

Natürlich gibt es keine Fotos und Filme solcher prachtvollen Krönungsgottesdienste, so wie die englische Krönungszeremonie, die ja auch der mittelalterlichen Liturgie folgt, zuletzt 1952 bei der Krönung Elisabeths II. durch den Erzbischof von Canterbury weltbekannt wurde, weil ein Kinofilm alles festgehalten hatte. Aber es gibt einige Gemälde, zumal von der Kaiserkrönung Josephs II. in Frankfurt 1764, und es gibt schriftliche Berichte. Ein ausführliches Protokoll besitzen wir über die Krönung Ferdinands IV. zum römischen König am 18. Juni 1653 im Regensburger Dom.

Seit dem westfälischen Frieden von 1648, der zwar einen dreißigjährigen Krieg beendet, aber das „Heilige Römische Reich deutscher Nation" keineswegs gestärkt hatte, versuchte der französische „Sonnenkönig" Ludwig XIV. in Deutschland Fuß zu fassen. Das Heilige Römische Reich war nur mehr ein loser Staatenbund von 234 Staaten. Mit allen Mitteln wollte der einflußreiche französische Staatsminister Kardinal Mazarin die Reichskrone für seinen König gewinnen, wozu zunächst notwendig war, daß die Kaiser aus dem Hause Habsburg von der kaiserlichen Erbfolge ausgeschlossen wurden. Um diese Pläne zunichte zu machen, ließ Kaiser Ferdinand III. vorsorglich seinen Sohn, der schon „König von Ungarn" seit 1647 war, als Ferdinand IV. zum „römischen König" wählen, damit er später seine Nachfolge auch als Kaiser antreten könne. Die Wahl zum römischen König war nach den Bestimmungen der Goldenen Bulle von 1356 durch die drei geistlichen und fünf weltlichen Kurfürsten, die bekanntlich alle auf deutschem Boden regierten, einen Monat zuvor auf dem Kurfürstentag zu Augsburg geschehen.

Nun hat diese Krönung Ferdinands IV. zum römischen König im Jahr 1653 zweifellos das Reich stabilisiert, obwohl der junge König schon ein Jahr später starb. Doch mit seinem Bruder Leopold, der 1658 gleich zum Kaiser gekrönt wurde und bis 1705 als römischer König und Kaiser regierte, gewann das Reich einen mächtigen Beschützer, der mit Hilfe zahlreicher europäischer Verbündeter dem französischen Streben nach europäischer Hegemonie und Kaiserwürde widerstehen konnte und dem es schließlich sogar gelang, der noch größeren Gefahr einer Eroberung Mitteleuropas durch die muslimischen Türken zu trotzen. Der Sieg über die Türken bei Wien 1683 verdankte sich einer wohl letzten großen gemeinsamen abendländischen Entscheidung zugunsten des Fortbestandes des „Heiligen Römischen Reiches". Den Oberbefehl in jener Schlacht am Kahlenberg bei Wien hatte kein Deutscher, sondern ein Pole, der polnische König Johann III. Sobieski! Die Regensburger Krönung Ferdinands IV. zum römischen König 1653 gehört also in die Vorgeschichte der letzten Geschichte des noch einmal starken Heiligen Römischen Reiches, bis es dann während der Territorialherrschaften im 18. Jahrhundert, dem Zeitalter des Absolutismus, an Bedeutung verlor und schließlich im Jahr 1806 unter den Schlägen Napoleons zugrunde ging.

Auch in der Geschichte von Staatsrecht und Kirchenrecht in Deutschland ist die Regensburger Krönung 1653 ein wichtiges Datum. Beim aufmerksamen Lesen des Protokolls dieser Krönung werden wir hier zunächst uralte, seit Otto I. gültige staatsrechtliche Akte wiedererkennen, nicht nur Salbung und Krönung, sondern auch die Thronsetzung auf einem Stuhl, der die traditionelle Verbundenheit mit Karl dem Großen symbolisiert, so wie schon Otto der Große 963 im Aachener Münster auf einen angeblich von Karl dem Großen stammenden Stuhl gesetzt wurde. Diese Thronsetzung hatte in der Neuzeit, zumal im Zeitalter eines Konfessionalismus, staatsrechtlich bald noch größeres Gewicht als Salbung und Krönung.

Die entscheidenden Handlungen, aber auch die entscheidenden religiösen Texte noch in dieser neuzeitlichen Krönung gehen zurück auf den Mainzer Ordo aus ottonischer Zeit (um 960), der als „Römisch-deutsches Pontifikale" einen Grundtyp der europäischen Krönungsmesse darstellt und auch außerhalb Deutschlands, beispielsweise 1130 bei der Krönung Rogers II. von Sizilien, übernommen wurde. Kirchlich-liturgisch werden wir auch bei dieser abendländischen Krönungsfeier an die biblischen Lesungen des Weihnachtsfestes und des Weihnachtsfestkreises mit den Sonntagen nach Epiphanias (6. Januar) erinnert. Die eigentliche Zeremonie mit Salbung und Krönung geschieht nach der auch heute üblichen katholischen und evangelischen Gottesdienstordnung zwischen der Epistel- und der Evangelienlesung. Gesänge und Bibelworte gehören zur Liturgie des Epiphaniasfestes bzw. des Heiligen Drei-Königstages. Epistel ist das Prophetenwort: „Mache dich auf, werde Licht, den dein Licht kommt . . ." (Jes. 60, 1–6). Evangelium ist die Geschichte der Anbetung der Weisen aus dem Morgenlande: „Da Jesus geboren war zu Bethlehem im jüdischen Lande . . ." (Matth. 2, 1–12). Zum Krönungseid heißt es, daß der König dabei „die zwei vordersten Finger der rechten Hand auf den Altar" gehalten habe. Genauer gemeint ist damit, daß er die Schwurfinger auf die erste Seite des Johannesevangeliums legen sollte, auf die Seite des Evangeliums vom ersten Weihnachtstag: „. . . und das Wort ward Fleisch und wohnte unter uns" (Joh. 1, 1–14). Wir können uns dabei auch an einige herausragende Ereignisse in der Geschichte des abendländischen König- und Kaisertum erinnern: an Chlodwigs Taufe an einem Weihnachtstag in den

Jahren vor 500, an Karls des Großen Krönung Weihnachten 800, an Ottos des Großen Krönung an Mariä Lichtmeß (2. Februar) 962, aber auch an die genannte Krönung Rogers II., Weihnachten 1130 in Palermo. Wir können uns auch an höfisches und zugleich christliches Zeremoniell erinnern, welches theologische Motive des Weihnachtsfestkreises aufnimmt, wie wir es auch bei der theologischen Interpretation der Reichskrone fanden: So ist zu erinnern an den Vergleich einer Krönungsprozession mit der Anbetung der Weisen aus dem Morgenlande bei Walther von der Vogelweide, was wiederum auffallend an die höfischen Akklamationen im byzantinischen Kaiserreich erinnert, wo das mit dem Morgenstern aufgehende Licht ein Leitmotiv ist. Endlich ist darauf hinzuweisen, daß seit dem hohen Mittelalter - nachweisbar seit Karl IV., Weihnachten 1347 in Basel - der Kaiser das geistliche Privileg hatte, am 25. Dezember das Weihnachtsevangelium in der Kirche zu lesen, dabei das Schwert in der rechten Hand haltend. Es liegt nahe, dieses alles im Zusammenhang einer christlichen Herrscherauffassung zu verstehen: Der Kaiser als christlicher Friedensfürst in der Nachfolge des Kaisers Augustus, der Kaiser in der Stellvertreterrolle Christi, der wie Christus ein menschlicher „Mittler" (1. Tim 2, 5) ist, nun aber ein „Mittler zwischen Klerus und Volk", wie es entsprechend dem ottonischen Ordo noch bei dieser Regensburger Krönung heißt.

Im Bericht dieser Krönung und dieser weihnachtlichen Liturgie, die doch so im Sommer 1653 gefeiert wurde, wird der Kenner des Kurfürstenkollegiums sogleich den Namen des Kölner Erzbischofs und Kurfürsten vermissen. Im Verzicht auf Kur-Köln liegt tatsächlich die Lösung eines alten, ebenfalls in ottonischer Zeit angelegten staatsrechtlichen und kirchenrechtlichen Problems. Denn der Kölner Erzbischof hatte von Anfang an ein gewisses Recht zur Krönung gehabt. Doch in Regensburg ist der „Consecrator", das heißt, der die „Weihe", Salbung und Krönung, vollziehende Geistliche, der Erzbischof und Kurfürst von Mainz. Darin wird ein schon seit den Tagen des Bonifatius in der deutschen Kirchengeschichte angelegter, jahrhundertelang schwelender, gelegentlich von Kaiser und

Papst geschickt ausgenutzter und sogar heute noch bemerkbarer Konflikt offenkundig. Hat Köln oder hat Mainz den kirchlichen Primat in Deutschland?

Zwar war schon die erste Salbung und Krönung im Aachener Münster 936 an Otto I. durch den Mainzer Erzbischof geschehen, doch der Kölner hatte damals immerhin assistiert. Sogar die Entstehungsgeschichte der Reichskrone gehört, wie wir sahen, sehr wahrscheinlich in den Bereich des Kölner Erzbistums. Brun von Köln (gestorben 965) war ja wahrscheinlich der Ideenstifter bei der Schöpfung der Reichskrone, und sein Nachfolger Heribert ist 1002 als Hüter der Reichsinsignien bezeugt. Mit Sicherheit wurden dann auch nur Heinrich II. (1002) und Konrad II. (1024) durch den Mainzer in Mainz gekrönt. Danach aber beginnt mit Heinrich III. (1039) die lange Reihe der Aachener Krönungen durch den Kölner bis zur Krönung Ferdinands I. (1531). Nur Ludwig der Bayer wurde, wegen Verhinderung des Kölners, 1314 vom Mainzer, jedoch wiederum in Aachen, gekrönt. Erst mit dem konfessionellen Zeitalter wird das „Reichsgewohnheitsrecht" (U. Stutz) der Aachener Krönung durch den Kölner Erzbischof und Kurfürsten, auf dessen Kirchengebiet ja auch Aachen lag, auf einmal in Frage gestellt. Das war zunächst durch ein kirchenrechtlich korrektes Bedenken veranlaßt, weil der Kölner Kurfürst zeitweilig nicht einmal ein ordentlich geweihter Bischof gewesen war. Beginnend mit Maximilian II. (1562) wurden daraufhin die Krönungen durch den Mainzer Kurfürsten vollzogen.

Doch nun, 1653, unmittelbar vor der Krönung Ferdinands IV. kam es darüber noch einmal zu einer letzten grundsätzlichen und aufsehenerregenden Kontroverse zwischen Mainz und Köln. Wer hatte das Recht zur Krönung? Da sich Kur-Mainz auch diesmal, wie schon bei den fünf vorangegangenen Krönungen, durchsetzen konnte, war der Kölner Kurfürst noch vor den Feierlichkeiten beleidigt und unter Protest aus Regensburg abgereist. In den kommenden Monaten und Jahren sollte das sowohl kirchenrechtliche als auch staatsrechtliche Problem in zahlreichen Streitschriften behandelt werden. Den Ausschlag gab ein Gutachten des berühmten Helmstedter Juristen Hermann Conring, der das Recht des

Mainzers besonders damit begründete, daß Mainz seit den Tagen des Bonifatius den kirchlichen Primat in Deutschland gehabt habe, weshalb auch nur der Mainzer Erzbischof außerhalb seines Sprengels habe krönen dürfen, freilich ohne hervorzuheben, daß Bonifatius damals, 745, als er mit Mainz vorlieb nehmen mußte, viel lieber Erzbischof von Köln geworden wäre. So wurden die alten Rechte der Köln-Aachener Tradition durch die Regensburger Krönung 1653 und das nachfolgende Gutachten Conrings ins Abseits geschoben, obschon bis heute nicht vergessen geblieben ist, daß gerade dort in Westdeutschland die Wurzeln einer karolingisch-ottonischen und damit auch einer stärker europäischen Tradition auf deutschem Boden lagen.

Der minutiöse Krönungsbericht stammt von zwei „Krondeputierten", die im Auftrag der Reichsstadt Nürnberg darüber zu wachen hatten, daß die Reichsinsignien wohlbehalten nach Regensburg kamen, dort mit ihnen ordnungsgemäß verfahren und ihr Rücktransport nach Nürnberg gesichert wurde. Es waren die Krondeputierten Burkhard Löffelholz von Colberg und Jobst Christoph Kreß von Kressenstein. Die beiden Herren hatten vor der Krönung auch die Einkleidung des Königs zu besorgen. Ihr Protokoll, d.h. ihre „Relatio", entbehrt nicht der komischen Seitenbemerkungen. Etwas eifersüchtig auf die Kurpfälzer, deren Vorrecht darin bestand, daß sie die Reichskrone bei der Prozession tragen durften, mußten sie feststellen, daß diese sich außerdem noch eine Ersatzkrone hatten anfertigen lassen. Diese kurpfälzische Imitation war „nicht so groß als die rechte . . . nur mit schlechten Steinen besetzt, sonsten aber artlich gemacht, von acht Feldern, deren vier mit ermeltem Gestein, die andern vier abwechselsweis mit den Bildern der vier Evangelisten aus getriebener Arbeit und verguldt gezieret." Mit dieser Imitation als einer Vortragekrone konnte sich Kurpfalz natürlich bei verschiedenen Gelegenheiten in Szene bringen, wenngleich zur Krönung selbst nur die originale Reichskrone benutzt wurde. Beim feierlichen Einzug trug Kurpfalz die Reichskrone voran, aber es machte auch Eindruck, als hinterher beim Auszug aus der Kirche Kurpfalz die Imitation der Reichskrone trug und der nachfolgende neue

König die Originalkrone auf dem Haupte hatte. Ferdinand III., der Vater des zu Krönenden, trug die österreichische „rudolfinische" Hauskrone, jene herrliche, einer Mitra nachgebildete Krone von 1602, die von 1804 bis 1918 die nur österreichische „Kaiserkrone" werden sollte. – Mit Erheiterung erfahren wir auch, daß sich Kurbrandenburg beleidigt fühlte, weil es nicht das Zepter tragen durfte und weil es gegenüber Kurpfalz beim Abnehmen der Reichskrone zurückstehen mußte.

Auch die konfessionelle Zerrissenheit des Reiches konnte sich während der Zeremonie bemerkbar machen. Denn die Liturgie hatte nun doch in der Neuzeit an einigen Stellen eine römisch-katholische Zuspitzung erhalten, welche die protestantischen Reichsstände vor den Kopf stoßen mußte. So entsprach der vom König verlangte Gehorsam gegenüber dem römischen Papst nicht der frühmittelalterlichen Ordnung (das Protokoll der Krondeputierten aus dem evangelischen Nürnberg kann daher am Rande notieren: „Eine alte Formel gebot nur ‚Ehrfurcht'" – reverentia!). Offensichtlich ist die letzte und sechste Frage an den König, die eine Unterwerfung unter den Papst verlangt (subiectio debita), in der Neuzeit eingetragen worden. Denn im Widerspruch dazu ist im Krönungseid im Anschluß an die Krönung nur die Rede davon, daß der König dem römischen Papst „gebührende geistliche Ehre" erweisen will. Im Anschluß an die Krönung kam dann auch die hochmittelalterliche Wandlungslehre bei der Abendmahlsfeier zur liturgischen Wirkung, so daß sich, wie wir von einem anderen Bericht wissen, die Protestanten ein störendes Räuspern nicht verkneifen konnten. Andererseits wird die Sakramentsausteilung an den König unter „beiderlei Gestalt", also mit Brot *und* Wein, was einem hussitischen und protestantischen Verständnis eines Laienpriestertums nahekommt, manch katholisches Gemüt gestört haben.

Dennoch – man mußte zusammenbleiben, und man blieb zusammen, Evangelische und Katholische, und es steht uns Heutigen nicht zu, daraufhin mit Heinrich Heine das ganze Heilige Römische Reich als „modrigsten Plunder" oder diese Feier mit dem Rechtshistoriker Ulrich Stutz als „eine leere Zeremonie" zu bezeichnen. Auch die Musik (wenn wir sie nur hören könnten) hatte gewiß Qualität, da Ferdinand III., selbst ein Komponist, darauf geachtet haben dürfte. Sie wurde dargeboten von wahrhaft ökumenisch zusammengestellten Ensembles, nämlich von einer überwiegend katholischen „Kapelle“ mit Instrumentalisten und Chorsängern, die der Kaiser aus Wien mitgebracht und womöglich mit Regensburger Dom-Musikern aufgefüllt hatte, und von einer „Kantorei“ des protestantischen „Gymnasium Poeticum“. Regensburg war ja damals eine evangelische Reichsstadt.

Überhaupt ist diese Regensburger Krönung am 18. Juni 1653 auch für die Geschichte der evangelischen Kirche in Deutschland ein wichtiges Ereignis: Unmittelbar im Anschluß daran fand ein Reichstag statt. Er verlieh am 22. Juli ebendort, wo bald (von 1663 bis 1806) der „immerwährende Regensburger Reichstag“ arbeiten sollte, den protestantischen Reichsständen als dem sogenannten „Corpus Evangelicorum“ eine ständige diplomatische Vertretung unter der Leitung Kursachsens. So liegt in diesem prachtvollen Ereignis auch der Anfang eines gemeinsamen Leitungsorgans des evangelischen Deutschlands beschlossen, der Anfang einer innerprotestantischen Ökumene in Deutschland. Gerade diese evangelische Reichsvertretung sollte in den letzten 150 Jahren des Alten Reiches „einen bedeutsamen Beitrag zur Erziehung der öffentlichen Meinung für die Toleranz“ leisten (J. Heckel).

Schließlich kann uns auch heute noch anrühren, wie bei der Krönungsfeier am Ende des Alten Reiches gerade die liturgische Ordnung der ottonischen Reichskirche im Wesentlichen gültig blieb. Das Krönungsgebet aus dem „Mainzer Ordo“, das, wie wir oben sahen, mit der dem Herrscher zugewiesenen Teilhabe am Bischofsamt und dem Stellvertreteramt Christi nach dem Investiturstreit des 11. Jahrhunderts eigentlich nicht mehr gültig war, wird selbst in dieser Liturgie mit vollem Wortlaut noch einmal wiederholt. Wesentlich ist auch die europäische Dimension dieser Zeremonie. Es geht eben um eine „römische“ Krönung. Von einem „deutschen“ Kaiser oder König ist in dem Text keine Rede. Nur einmal, nach Ablauf des eigentlichen Gottesdienstes, bei der Thronsetzung Ferdinands, spricht der Mainzer Erzbischof davon, daß dem römischen König durch Fürstenwahl der Rang des Königs durch Abstimmung gewählter Fürsten „im Reich Deutschlands anvertraut" (in regno Germaniae delegatum) ist. Auch dies ist ein späterer Zusatz.

Im Folgenden wird nicht der ganze Text aus der Relatio der Nürnberger Krondeputierten Löffelholz und Kreß wiedergegeben. Die „kaiserliche Majestät" ist hier Ferdinand III., die „königliche Majestät" ist der mit der „kaiserlichen" oder „römischen" Krone, d. h. mit der Reichskrone zu krönende Ferdinand IV. Die barocke Sprache wurde geglättet, wo sie heute kaum noch verständlich ist. Auch die langen lateinischen Gebete und liturgischen Formeln sind nur auszugsweise und in deutscher Übersetzung wiedergegeben.

. . . Während wir bei erwähntem Nebenaltar und den ausgelegten königlichen Kleinodien, teils in der Kapelle des Chores bei den dort verbliebenen königlichen Pontificalibus gewartet hatten, kamen ihre fürstlichen Gnaden, der Herr Bischof zu Regensburg, und mit ihm Herr Graf Kraz als Dompropst zu Mainz neben Herrn Schenkherrn von Waldburg, Kurmainzischen Großhofmeistern, nahmen die kaiserliche Krone vom Altar und brachten sie hin zum Apostolischen Nuntius, welcher samt dem spanischen Botschafter, Margrafen von Castel Rodrigo und dem Dompropst von Polocko, Herrn Trebicky, als königlich polnischen Gesandten und selbigen Königreichs Vizekanzler, schon in der Kirche waren und ihre Plätze eingenommen hatten. Und nachdem diese die Krone wohl besehen, trug der Bischof zu Regensburg in Begleitung der anderen beiden Herren und etlicher von der Clerisey die Krone durch den Eingang in den äußeren Chor hinauf, in das Zimmer ihrer kaiserlichen Majestät. Das war bei voriger Krönung nicht geschehen, damit Kurpfalz solche pro insigni Electoratus ihrer Majestät in der ersten Prozession vortragen konnte, wie es auch erfolgte. Dann, nachdem nun Kur-Trier und Pfalz in Person, wie auch die abwesenden weltlichen Kurfürsten in Person der Gesandten von Bayern, Sachsen und Brandenburg samt den anwesenden Fürsten in des neuerwählten römischen Königs „Palatio" zusammengekommen sind, haben sie sich mit ihrer Majestät von dort zu der kaiserlichen Majestät begeben und sind alle aus dem kaiserlichen Palast auf einer über das Pflaster zugerichteten hölzernen und mit rotem, weißem und gelbem Tuch überlegten Brücke geschritten, und zwar ihre kaiserliche Majestät unter einem von gelbem Atlas zubereiteten gestickten und mit Gold gezierten Himmel, den etliche vom Stadtrat getragen. So sind sie in die Domkirche gezogen, wo ihnen dann ihre kurfürstliche Gnaden, der Herr Erzbischof von Mainz (in pontificalibus und pallio archi episcopali) mit von Perlen und edlen Steinen köstlich gezierter Inful (Mitra) auf dem Kopf samt den assistierenden und gleichfalls pontificaliter bekleideten Bischöfen, Äbten, Prälaten und Kaplänen aus der Sakristei durch den Chor in einer Prozession bis an das Kirchentor entgegen gegangen waren, wobei ihrer kurfürstlichen Gnaden (dem Mainzer Erzbischof) durch Herrn N. N. ein langes silbernes Kreuz vorgetragen worden ist, und durch erwähnten Herrn (Mainzer) Dompropst Kraz wurde ein silberner Stab mit zwei daran hängenden königlichen Siegeln, ein größeres und ein weniger großes, vorangetragen.

Der kaiserliche und königliche solenne Einzug in die Kirche ist dann folgendermaßen angeordnet und beschaffen gewesen: Voran gingen etliche ihrer Majestät Bediente und Offiziere und wer sich sonsten von Fremden zuschlagen konnte, danach folgten die Reichshof- und anderen Räte, nach diesen die Cavallieri, große und vornehme Herren, darauf alsbalden die Reichsfürsten, ferner die königlichen und kaiserlichen Trompeter und Heerpauker, alsdann Herr Fürst von Dietrichstein, Graf von Starhemberg und von Lostenstein nebeneinander, denen folgten die kaiserlichen fünf Herolde mit den Wappen von Österreich, Böhmen, Ungarn und den beiden römischen Adlern, und darauf die königliche Majestät in einem langen roten atlassen Leibrock mit engen Ärmeln und darüber einen langen Mantel von einem rotgüldenen Stück gemacht, ohne Ärmel, Palliolum genannt, mit weißem Hermelin gefüttert, und auf dem Haupt einen dem kurfürstlichen Hut gleichen, mit Hermelin gefütterten, aber mit rotem güldenen Stück überzogenen Hut (wie auch ihrer Majestät Schuh anstatt des Überleders aus Goldstück gemacht waren). Ihr folgten im Abstand Kur-Trier zur linken Hand, darauf die Kurfürstlichen Hofmarschälle, nämlich Herr Graf von Heißenstein (Kur-Mainz), Herr Obrist Öls (Kur-Trier) und Herr Hans Ludwig Rheingraf (Kur-Pfalz) mit den Schwertern in den silbern vergüldeten Scheiden, die Spitze zur Erde gekehrt; dann die drei kurfürstlichen, nämlich bayerischen, sächsischen und brandenburgischen Gesandten nebeneinander, alsdann Kur-Pfalz mit der römischen Krone zur Linken, Graf Truchseß von Zeil mit dem Reichsapfel in der Mitte und Graf von Hohenzollern mit dem Zepter zur rechten Hand. Der Erbmarschall Graf Wolf Philipp von Pappenheim aber ist gleich vor ihrer kaiserlichen Majestät mit dem bloßen Schwert gegangen.

Als sie nun mit dem ganzen Hof und einer ansehnlichen Zahl von Herren und Kavalieren bei einer dichten und gedrängt herumstehenden, fast unglaublichen Menge Volks unter dem Schall der vielen Trompeten und Heerpauken in die Kirche (wohinein zwar sonst niemand ohne gewisses Zeichen oder Bescheinigung gelassen werden sollte) hineingekommen sind, blieb die königliche Majestät bei der geistlichen Prozession vor dem Erzbischof zu Mainz als Consecrator stehen, und ihre kurfürstlichen Gnaden, in ihrer Hand den Bischofsstab haltend, fing über ihr zu beten an mit diesen Worten:

„Unsere Hilfe stehet im Namen des Herrn." Darauf die Herren Assistenten antworteten: „Der Himmel und Erde gemacht hat." Der Herr Consecrator weiter: „Der Name des Herrn sei gelobt." Die Assistenten: „Von nun an bis in Ewigkeit." Der Consecrator: „Allmächtiger ewiger Gott, der du deinen Knecht Ferdinand gewürdigt hast, an der Spitze des Reiches zu stehen, wir bitten dich, verleihe ihm, daß er im Lauf der gegenwärtigen Welt den Lauf aller Dinge so zum Allgemeinwohl lenke, daß er dabei vom Wege deiner Wahrheit nicht abweiche. Durch unser Herrn Jesus Christus. Amen."

Nach Vollendung dieses Gebetes ist man in voriger Reihenfolge (wobei sich aber die Geistlichkeit so einteilte, daß hinter den kaiserlich hohen Hofämtern der Herr Bischof zu Regensburg mit dem Buch und Bischofsstab allein ging, danach der Bischof von Münster und Abt von Fulda miteinander wie auch danach Eichstädt und Paderborn, darauf der Dompropst zu Mainz mit den Siegeln und alsdann Kur-Mainz, gleichfalls allein) zum Chor des Domes gezogen. Dort gingen dann Kur-Trier und die genannten Herren Bischöfe Assistentes zur Seite, nahmen die königliche Majestät zwischen sich und führten sie zum Altar, während der Kirchenchor die Antiphon sang: „Siehe, ich sende deinen Engel" (Ps 19, 10). Hierauf haben sich die kaiserliche Majestät in ihren Thron oder Betstuhl begeben, in ihrem kaiserlichen Habit, mit Krone und Mantel, was durch die Diamanten, Perlen und andern großen edlen Steine sehr kostbar und majestätisch war. Zu ihrer Seite warteten die Erbämter mit den kaiserlichen Zierden und Reichskleinodien. Kur-Pfalz aber, der die römische Kron wieder auf den Nebenaltar gelegt, blieb mit den drei kurfürstlichen Gesandten eine kleine Weile vor dem königlichen Stuhl stehen, wurde aber gleich darauf von ihrer Majestät in den ihr zubereiteten Stuhl verwiesen. Darauf empfahl Kur-Pfalz die Krone dem Erbschatzmeister Herrn Grafen von Zinzendorf zur Aufsicht und verfügte sich auf seinen kurfürstlichen Platz. Dabei ist dieses nebenbei zu referieren, daß der kurbrandenburgische Gesandte,

Herr von Blumenthal, nicht allein vorher wegen des Tragens des Zepters, welche Verrichtung er nicht dem Erbkämmerer von Zollern, sondern einem brandenburgischen Abgesandten zugestehen wollte, einen Disput angefangen und gegen diesen Akt ausdrücklich protestierte, sondern nun auch den vorher bei der Königswahl zu Augsburg zwischen Kur-Brandenburg und Kur-Pfalz erregten Streit über Abnahme und Empfang der königlichen oder kaiserlichen Kron wieder vorbringen wollte. Dem hat aber Kur-Pfalz eifrig widersprochen, so daß dann alsbald die auf der oberen Bühne stehenden übrigen kurbrandenburgischen Gesandten ihre Meinung, daß man sich bereits zu Augsburg über diesen Punkt verglichen habe, auf einen Zettel geschrieben und diesen herunterwarfen. Dabei hat Brandenburg es dann bewenden lassen.

Um ihrer kaiserlichen Majestät Thron haben sich ansonsten neben Herrn Hofmarschall Grafen von Starhemberg auch die anderen kaiserlichen hohen Offiziere wie Fürst Piccolomini (Hartschierhauptmann), Graf von Fürstenberg (Trabantenhauptmann), Graf von Wallenstein (Obristkämmerer), Graf von Lostenstein (Obriststallmeister), Graf von Harrach (Obristjägermeister) und zuvörderst der Fürst von Dietrichstein (als Obristhofmeister) befunden und aufgewartet. Und es haben sich ihre kaiserliche Majestät die Krone abnehmen und auf den Stuhl und das Kissen legen lassen.

Nachdem nun ihre königliche Majestät eine Weile vor dem Altar gebetet hatte, begaben sie sich in Begleitung von Kur-Trier und den anderen Kurfürsten und Gesandten in ihren Betstuhl, desgleichen begaben sich Kur-Trier und die andern auf ihre Plätze, welche auch allzeit hernach ihre Majestät zu und vom Altar geführt und begleitet haben. Und zwar sobald der Herr Erzbischof zu Mainz zu singen und zu beten angefangen, führten Kur-Trier und die assistierenden Herren Bischöfe und Präsentanten die römisch-königliche Majestät auf einen vor dem Altar zubereiteten niedrigen Betschemel. Dort kniete er nieder, und der Erzbischof zu Mainz, in seinen Pontifikalien mit Bischofsstab über ihrer königlichen Majestät stehend, sprach die Worte: „Herr, erlöse den König." Worauf die Umgebung antwortete: „Und erhöre uns an dem Tage, da wir zu dir rufen." Darauf der Erzbischof: „. . . Allmächtiger, ewiger Gott, Lenker des Himmels und der Erde, der du deinen Knecht gewürdigt hast, zur Spitze des Reiches aufgerückt zu sein, wir bitten dich, gewähre ihm, daß er frei von aller Feindschaft geschützt werde durch das Geschenk kirchlichen Friedens und daß er mit deiner Gnade zu den Freuden ewigen Friedens hingelangen darf, durch unsern Herrn Christus."

Da solch Gebet verrichtet und ihre königliche Majestät etwas herab vom Altar in ihren Betstuhl geführet waren, haben Kur-Trier und die genannten Bischöfe ihre Plätze zur rechten und linken Hand, wie oben gemeldet, eingenommen. Derweil schickt sich der Erzbischof von Mainz zum Amt der Messe, welche, wie gebräuchlich, von dem Confiteor angefangen worden. Dabei haben dann etliche vornehme Domherren von Regensburg, Trier, Speyer etc. und andere Kleriker aufgewartet und am Altar gedient. Sonderlich aber sind zwei Kleriker ihrer kurfürstlichen Gnaden, dem Herrn Celebranti, an beiden Seiten gestanden, und haben ihm beim Lesen und während der Zeremonien (wo er einige Male unsicher war) dirigiert.

Der Introitus ist gesungen worden wie in der Kirche geschieht am Heiligen Dreikönigtag, nämlich: „Siehe, es kommt der Herr der Herrlichkeit" etc. Darauf folgte der Vers: „Gott, verleihe dem König dein Recht" etc. Darauf ist das „Kyrie eleison, Gloria in Excelsis", samt dazugehörigem Lobgesang, alles durch die Kapelle und Kantorei, gesungen und mit Orgelspiel musiziert worden. Darauf folgte dieses Kollektengebet: „Gott, der du deinen eingeborenen Sohn allen Völkern, vom Stern geleitet, geoffenbart hast, gewähre gnädig, daß wir dich gläubig erkennen, um endlich zur Schau deines erhabenen Bildes zu gelangen . . . Wir bitten dich, verleihe diesem deinem Knecht, den du zum König hast annehmen wollen, daß er sich entschließt, das Gebot der Gerechtigkeit in dieser Welt richtig zu erfüllen, damit er dir im Lande der Lebendigen für immer gefallen kann, durch unsern Herr Jesus Christus."

Nach dem Kollektengebet wurde gelesen aus dem Propheten Jesaja (Jes. 60), wie am Dreikönigtag.

Wie nun dieses sich geendet, hat der königlichen Majestät Obrist-Hofmeister, Herr Graf von Auersberg, ihrer Majestät den langen goldstückenen mit Hermelin gefütterten Mantel abgetan und haben ihre Majestät Kur-Trier und die assistierenden Herren Bischöfe vor den Altar geführt, wo ihre Majestät sich auf den ausgebreiteten Teppich demütig und andächtig und nach der Länge niedergelegt haben, jedoch mit etwas erhobenem Haupt und die Arm auf dem bei der letzten Altarstufe untergelegten Kissen haltend, wie auch der Herr Consecrator, Bischöfe und umstehende Geistliche niedergekniet sind. Dann ist der Herr Consecrator aufgestanden, hat den Bischofsstab in die Hand genommen und gebetet: „Deinen Knecht Ferdinand wollest du zum König erwählen!" Darauf der Chor geantwortet: „Wir bitten dich, erhöre uns." Der Herr Consecrator weiter: „Du wollest ihn segnen, erhöhen und weihen!" Darauf der Chor geantwortet: „Wir bitten dich, erhöre uns."

Danach sind ihre königliche Majestät samt dem Herrn Consecrator, Assistenten und Clerisei wieder aufgestanden, haben dem Erzbischof die Inful aufgesetzt und den Stab in die Hand gegeben. Und ihre Majestät ist nach altem Brauch von dem Erzbischof, Kurfürst und Consecrator deutlich angeredet und befragt worden mit diesen Worten: „Willst du am heiligen katholischen Glauben, wie er von heiligen Männern überliefert ist, festhalten und ihm mit gerechten Werken dienen?" Darauf ihr Majestät geantwortet: „Ich will." Zum andern: „Willst du den heiligen Kirchen und ihren Dienern ein treuer Beschützer und Verteidiger sein?" Antwort: „Ich will." Zum Dritten: „Willst du das von Gott dir anvertraute Reich im Sinne der Gerechtigkeit deiner Vorgänger regieren und erfolgreich verteidigen?" Antwort: „Ich will." Zum Vierten: „Willst du die Rechte des Königreiches und Kaiserreiches beachten, seine Güter, so weit sie ungerecht verteilt sind, wieder herstellen und treu zum Nutzen des König- und Kaiserreiches verwalten?" Antwort: „Ich will." Zum Fünften: „Willst du für Arm und Reich, für Witwen und Waisen ein gerechter Richter und frommer Verteidiger sein?" Antwort: „Ich will." Zum Sechsten: „Willst du dem heiligsten Vater in Christo und römischem Papst und der heiligen römischen Kirche die schuldige Unterwerfung und das Vertrauen ehrerbietig erweisen?" Antwort: „Ich will." Hierauf sind ihre Majestät näher zum Altar getreten und haben solche Antwort, wie ihre Vorfahren vor alters auch getan, mit leiblichem Eid und diesen Worten (die zwei vordersten Finger der rechten Hand auf den Altar haltend) bestätigt: „Ich will, und soweit ich mich auf den göttlichen Beistand stützen werde und von den Gebeten gläubiger Christen unterstützt werde, will ich das alles treu erfüllen, so wahr mir Gott und Gottes heilige Evangelien helfen."

Nach solchem Eid hat sich der Erzbischof gegen die anderen Kurfürsten, Fürsten, Grafen, Geistlichen und alle Umstehenden gewendet und mit lauten Worten gefragt: „Wollt ihr euch solchem Fürsten und Leiter unterwerfen, seine Herrschaft stärken, in Treue festigen und seinen Befehlen gehorchen, nach dem Wort des Apostels ‚Jede Seele sei der Obrigkeit untertan' (vgl. Röm. 13, 1), nun auch dem König der so hoch gestellt ist?" Worauf von ihnen und allen geantwortet ist: „Ja, ja, ja" („fiat, fiat, fiat"). Hernach sind ihre Majestät wieder zurück vom Altar getreten und abermals auf dem Teppich niedergekniet. Und der Kurfürst Consecrator hat nachfolgende Benedictiones über ihre Majestät gesprochen: „Segne, Herr, diesen unseren König Ferdinand, der du alle Reiche seit Menschengedenken lenkst, und verherrliche ihn mit so reichem Segen, daß er das Zepter davidischer Größe halte und fernerhin an Davids Verdienst teilhabe. Gib ihm durch deinen Geist, daß er das Volk mit Milde regiere, so wie du Salomon dahin gebracht hast, ein Reich des Friedens zu gewinnen . . ."

Nachdem diese Benedictiones vollendet, sind ihre Majestät zur königlichen Salbung entblößet worden. Als dann der glatte, rote atlassene Leibrock, den ihre Majestät anhatte, auf der Schulter und an den Ellenbogen zu diesem Zwecke geöffnet wurde, da hat der Erzbischof zu Mainz, das Öl der Katechumenen in Händen haltend, gesprochen: „Friede sei mit dir", darauf die Clerisei geantwortet: „und mit deinem Geist." Und der Consecrator hat zugleich ihrer Majestät erstlich über die Scheitel, darnach über die Brust, ebenso über die Schultern und an Gelenken beider Arme gesalbet, mit folgenden Worten: „Ich salbe dich zum König mit geheiligtem Öle, im Namen des Vaters, des Sohnes und des heiligen Geistes." Währenddessen hat die Kapelle die Antiphon: „Sie haben Salomon gesalbt" usw. gesungen. Und als der Erzbischof ihrer Majestät die flachen Händ gesalbet, sprach er dazu: „Diese Hände werden mit geheiligtem Öl gesalbt, weil Könige und Propheten so gesalbt wurden. Und Samuel salbte David zum König, auf daß er gesegnet sei und zum König in jenem Reich über jenes Volk bestimmt sei, welches dein Gott und Herr dir zu regieren und zu leiten gegeben hat, weil Gott selbst, der lebt und regiert in alle Ewigkeit, über allem stehen will." Dazwischen hat die Kapelle ferner gesungen die Antiphon: „Gesalbt hat dich Gott" usw.

Und es wurden ihre königliche Majestät, nachdem ihr zuvor das Öl vor dem Altar mit reiner Wolle gar sauber abgewischt worden, von Kur-Trier und Pfalz, auch von den andern Kurfürsten, Botschaften und den anwesenden Bischöfen zur Kapelle begleitet. Doch außer Herrn Bischof von Regensburg als Director und Herrn Grafen von Auersberg und Strozzi als königlicher Majestät Obristenhofmeister und Trabantenhauptmann, ist niemand mit ihrer Majestät in die Kapelle hineingegangen. Allda haben ihre Majestät ihren rotatlassen Leibrock abnehmen lassen. Darauf haben wir (die Nürnberger Krondeputierten) ihr persönlich den üblichen Habit ordentlich nacheinander angelegt, zuerst die Strümpfe (weil sie oben eng, haben wir ihrer Majestät güldene Hosenbänder abgetan), nachmals die Schuh, dann die braune Dalmatica, welche sowohl am Leib als vorn an den Händen fein paßte und ihrer Majestät nicht zu lang gewesen ist, welche wir sowohl um ihren Leib mit dem breiten Gürtel als um beide Arme mit rotseidenen Bändern wohl aufgeschürzt und festgemacht haben, und haben dann endlich die Stola in der Weise umgebunden, daß wir das eine End von ihrer rechten Achsel herab über den Leib und das linke Knie haben hängen lassen (doch so, daß man im Gehen nicht auf die daranhängenden Perlen treten konnte). Das Übrige habe wir über den Rücken unter dem linken Arm hindurch und zweimal um den ganzen Leib gehen lassen, so daß die andere Extremität von der linken Achsel vorne herab und über das andere Ende kreuzweise zu hängen kam . . . Weil aber gleichwohl die Stola etwas zu lang war, haben wir selber durch den königlichen Garderobenmeister, der dazu aufgewartet hatte, diese ein wenig unter dem rechten Arm einschlagen und an einigen Stellen an den weißen Rock mit Seiden anheften lassen, also, daß sichs (entsprechend dem Kupferstich, worauf weiland Kaiser Ferdinandus der Andere in solchem Habit abgebildet worden, und wir zu diesem End mitgenommen) gar fein geschickt.

Nachdem wir nun ihrer Majestät zu diesem neuen römisch königlichen Habit untertänigst Glück gewünscht, und sich ihre Majestät dafür gnädigst bedankt haben, sind selbe durch die Kurfürsten und Abgesandten in üblicher Ordnung hinaus zum Chor und zum Altar begleitet worden. Dort hat alsbald der Herr Erzbischof zu Mainz (welcher unterdessen beim Altar in einem Stuhl sitzen geblieben) nachfolgendes Gebet über ihre Majestät gesprochen: „Allmächtiger ewiger Gott, schau bei diesem schönen Anblick auf diesen herrlichen König Ferdinand, und wie du Abraham, Isaak und Jakob gesegnet hast, so mögest du diesen König mit reichen Segnungen geistlicher Gnade mit aller Fülle deiner Macht übergießen und überströmen. Gewähre ihm aus dem Naß des Himmels und aus dem Fett der Erde einen Überfluß an Getreide, Wein und Öl und die Pracht und den Reichtum göttlicher Gaben in diesen Zeiten, damit unter der Regierung dieses Königs die Menschen in ihrer Heimat gesund leben und der Frieden im Reich unverletzt bleibe . . . Mache ihn, o Herr, glücklich und zum Sieger über seine Feinde. Kröne ihn mit der Krone der Gerechtigkeit und des frommen Glaubens, auf daß er aus ganzem Herzen und mit ganzem Verstand an dich glaubend dir diene und deine heilige Kirche verteidige und stärke und das ihm von dir anvertraute Volk gerecht regiere und es ohne jede bösen Beeinflussungen zum Recht bekehre. Entzünde, Herr, sein Herz zur Liebe deiner Gnade durch dieses Salböl, so wie du Priester, Könige und Propheten gesalbt hast, damit der König aus Liebe zum Recht das

Volk auf dem Weg der Gerechtigkeit richtig führe und sich so verdiene, daß er, wenn die von dir in königlicher Herrlichkeit bestimmten Wege der Liebe vollendet sind, zu den ewigen Freuden gelange, durch unsern Herrn Jesus Christus."

Darauf hat der Herr Consecrator zur Praefation gesungen . . . Und es hat sich der Consecrator zu einer weiteren Benediktion geschickt.

Wie nun die Praefation und Benediktion geendet, haben ihre kurfürstlichen Gnaden zu Trier, samt den Herren Assistenten das krumme Schwertlein oder Säbel (die Agenda nennen's ein Toßaken), das von Aachen gebracht worden und Caroli Magni Schwert sein soll, vom Nebenaltar genommen, und der königlichen Majestät in die bloße Hand gegeben. Dabei hat der Erzbischof Consecrator ihre Majestät mit diesen Worten angeredet und beglückwünscht (Anmerkung R. Staats: Das nachfolgende, noch ganz dem nachkonstantinischen kirchlichen Gewaltmonopol verpflichtete Gebet ist wörtlich dem ottonischen „Mainzer Ordo" entnommen): „Empfange das Schwert durch die gewiß unwürdigen Hände der Bischöfe, die dennoch durch Autorität der heiligen Apostel geweiht sind. Dir ist das Schwert königlicher Weise in die Hand gegeben und durch göttliche Fügung ist es unserem Segensdienst zugeordnet zur Verteidigung der heiligen Kirche Gottes. Und sei eingedenk des prophetischen Wortes des Psalmisten (Ps 45, 4): ‚Gürte dein Schwert an deiner Seite, du Mächtigster', auf daß du mit dem Schwert die Stärke des Rechtes erprobest und die Not des Unrechtes machtvoll zerstörest und für die heilige Kirche Gottes und ihre Gläubigen kämpfest und sie beschützest und nicht weniger die im Glauben falschen Christen als auch die Feinde des christlichen Namens verfluchst und vernichtest, den Witwen und Waisen gnädig hilfst und sie verteidigst, das Zerstörte wieder aufbaust, das Aufgebaute erhältst, das Unrecht rächst und das Wohlgeordnete bestätigst, auf daß dir durch solches Tun zuteil werde, als glorreicher und ausgezeichneter Pfleger des Rechtes im Triumph der Tugenden mit dem Erlöser der Welt, dessen Bild du in deinem Namen trägst, ohne Ende zu herrschen . . ."

Während dieser Beglückwünschung bei den Worten „Gürte dein Schwert . . .", wurde das Schwert in die Scheide gesteckt und ihrer königlichen Majestät durch Kur-Pfalz (in Assistenz von Kur-Trier, auch der bayerischen, sächsischen und brandenburgischen erwählten Legaten) an einer mit rotem Taft und mit großen goldenen Spitzen besetzten Binde, welche ihre Majestät selbst dafür hat machen lassen, um den Leib gehänget. Zugleich ist dem Herrn Consecrator vom Altar ein köstlicher Ring gereicht worden; den streckte er ihrer königlichen Majestät an den Finger mit diesen Worten (Anmerkung: Auch das folgende Gebet steht wörtlich schon im „Mainzer Ordo"): „Empfange den Ring königlicher Würde und erkenne darin ein Zeichen des katholischen Glaubens, und wie du heute zum Haupt und Führer von Reich und Volk ordiniert wirst, so mögest du ein beständiger Anreger und Bekräftiger zum Christentum und zum christlichen Glauben werden, damit du, glücklich in deiner Arbeit, mit dem König der Könige verherrlichst werdest. Durch ihn sei Ehre und Ruhm in alle Ewigkeit. Amen."

Inzwischen hatten die Erbämter ihre Insignia bei der kaiserlichen Majestät Thron den Hofämtern zugestellt, nämlich der Erbtruchseß den Apfel dem Herrn Otto Graf Truchseß von der Schner, kaiserlicher Majestät Obristen Hoftruchseß, der Erbmarschall das Schwert dem Herrn Graf von Starhemberg, Obrist-Hofmarschall, der Erbkämmerer das Zepter Herrn Graf von Wallenstein, Obristemkämmerer, welche dann dort stehen blieben. Die Erbämter aber sind zum Altar gegangen, um von der königlichen Majestät ihre Lehen oder Bestätigung ihrer Amtsgerechtigkeiten zu empfangen, weshalb dann ihre Majestät das Schwert sogleich dem Erbmarschall eingehändigt hat.

Danach wurde seiner kurfürstlichen Gnaden vom Altar das königliche Zepter und der Reichsapfel gereicht (und zwar geschah dieses nicht durch uns, wie früher, und wie es noch Anno 1636 durch die damaligen Herren Abgesandten geschah, sondern auf Anstiften des Directors, des Regensburger Bischofs, durch die assistierenden Bischöfe. Vor deren und der andern Clerisei großem Gedränge sind wir nicht da hinein gekommen). Und es gab der Herr Consecrator ihrer Majestät das Zepter, welches ihm der Bischof von Paderborn zureichte, in die Rechte, und den Apfel, den er vom Bischof von Münster empfangen, in die linke Hand, also sprechend (Anmerkung: Auch dieses Gebet entspricht dem „Mainzer Ordo"; es ist auf der fünfzehnten Seite dieses Buches abgedruckt): „Nimm hin das Zepter der Tugend und des Rechtes . . ."

Und hierauf wurde ihrer Majestät der kaiserliche Mantel oder Chorkappe (welche bei voriger Krönung Herr Albrecht Pömer und Johann Abraham Pömer – unter Zustimmung der Erwählten der jetzt regierenden Majestät! – umgetan und übergeworfen) jetzt von den Bischöfen umgehängt . . .

Alsdann hat der Director Bischof von Regensburg die kaiserliche Krone vom Nebenaltar genommen und zusammen mit dem Herrn

Bischof von Eichstädt dem Herrn Consecrator überreicht, welcher neben Kur-Trier solche Krone ihrer königlichen Majestät ganz auf's Haupt setzte. Dazu hat Kur-Mainz gesprochen (Anmerkung: Nun folgt das ottonische Krönungsgebet aus dem „Mainzer Ordo", das zu Beginn dieses Anhangs zitiert wird): „Empfange die Krone des Reiches . . ."

Nach dieser königlichen Krönung sind ihre Majestät von Kur-Trier näher zum Altar geführt worden, und haben daselbst nachfolgenden Eid aus dem Pontifical lesend, leiblich geschworen, und mit vernehmlicher Stimm also gesagt:
„Ich gelobe und verspreche vor Gott und seinen Engeln, daß ich jetzt und hinfort das Gesetz und die Gerechtigkeit, auch den Frieden der heiligen Kirche Gottes halten und handhaben will, auch dem Volk, das mir unterworfen ist, will ich zu Nutzen sein und ihm Gerechtigkeit verschaffen und will mitteilen, daß ich des Reiches Recht mit gebührender Betrachtung göttlicher Barmherzigkeit erhalten will, wie ich solches mit Rat der Fürsten, auch des Reichs und meiner Getreuen am besten ausrichten kann. Ich will auch dem allerheiligsten römischen Bischof und der römischen Kirche, auch den andern Bischöfen und Kirchen Gottes gebührende geistliche Ehre erzeigen, und diese Dinge, welche von Kaiser und Königen der Kirche und den geistlichen Männern gesammelt und gegeben sind, die will ich ihnen ungeschwächt erhalten, auch den Prälaten, Ständen und Lehensleuten des Reichs gebührende Ehre tragen und beweisen, so wie mir unser Herr Jesus Christus Stärke und Gnade verleihet."

Wie nun solches vollbracht, hat Kur-Trier ihre Majestät wiederum in ihren Stuhl geführt, von wo aus sie die Messe bis zum Schluß angehört hat. Die Insignia aber, Apfel und Zepter, wurden Erbämtern zugestellt, welche damit stehend aufwarteten. Und Kur-Mainz ist als Consecrator im Gottesdienst fortgefahren, und wurde sogleich das Evangelium gesungen: „Als Jesus geboren war . . ." (Matth. 2) Darauf wurde das Credo oder Apostolische Glaubensbekenntnis durch die Kapelle gesungen, und es wurde das „Offertorium" georgelt. Inzwischen gingen ihre königliche Majestät allein zum Opfer, küßten zuerst die Patene kniend und opferten ein großes Stück. Kur-Trier aber hat unterdessen, wie auch sonst allezeit, sooft ihre königliche Majestät zum Altar getreten, ihr die Krone vor dem Altar vom Haupt abgenommen und wieder aufgesetzt, als auch ihren kaiserlichen und königlichen Majestäten das Evangelienbuch und „Pacem" zu küssen gereicht. Ebenso ist das Weihwasser gegeben und gereicht worden, und es ist jedesmal das Buch „Thuribulum" und „Pacem", auch Weihwedel, durch den Bischof von Regensburg zu dem Herrn Kurfürsten von Trier gebracht worden. Und alsdann ist durch ihre kurfürstliche Gnaden der Dienst, erstlich zwar bei der kaiser- danach bei der königlichen Majestät verrichtet worden.

Während des Amtes der Messe haben ihre kaiserliche Majestät ihre Krone, wie auch der König vor der Krönung den goldstückenen Chorhut, neben sich stehen gehabt, während der König die Krone aber die ganze Zeit über aufbehalten hat.

Danach ist Kur-Trier wieder aus ihrem Stuhl aufgestanden, hat dem König die Krone abgenommen und ihrer Majestät in die Hand gegeben, welche diese dem Kurfürsten Pfalzgrafen überreicht hat. Ihrer kaiserlichen Majestät aber ist durch Herrn Fürsten von Dietrichstein die Krone abgenommen und auf das Kissen gelegt worden . . .

Als nun der Herr Consecrant und Erzbischof zu Mainz die consekrierte Hostie und den Kelch bei der Messe genossen (wobei wir dann am allernächsten am Altar gestanden und alles wohl observieren konnten), wurden ihre königliche Majestät mit abgenommener Kron, welche derweilen Kur-Pfälzische Durchlaucht gehalten, durch Kur-Trier und die assistierenden Herren Bischöfe zum Altar begleitet, und vom Herrn Consecrator ebenso kommuniziert. Und es wurden ihr nach der Segnung der Hostie ein Trunk Wein aus einem ziemlich großen, kristallenen Trinkglas, danach aber auch die güldene Patene zu küssen gereichet, wobei sich ihre Majestät sehr devot erwiesen. Und sie blieben dort kniend. Darauf hat sich der Diaconus zu dem Volk gewendet und gesprochen: „Demütigt euch zum Segen." Darauf wurde geantwortet: „Gott sei Dank." Alsdann kehrte sich der Herr Consecrator zu ihrer königlichen Majestät und segnete dieselbe nochmals mit diesen folgenden Worten (Anmerkung: Auch dieses Gebet nach dem „Mainzer Ordo"): „Der Herr segne dich und behüte dich, und wie er gewollt hat, daß du ein König über sein Volk bist, so möge er gewähren, daß du im gegenwärtigen Leben glücklich wirst und teilhaben wirst an dem ewigen Glück." Antwort: „Amen." „. . . auf daß Klerus und Volk, den göttlichen Geboten untertan, frei vom Bösen, übervoll von allem Guten, sowohl im gegenwärtigen Leben der Ruhe zu genießen als auch mit dir zur Gemeinschaft der ewigen Himmelsbürger zu gelangen gewürdigt werden, weil der allein über allem zu stehen gewürdigt ist, dessen Reich und Imperium ohne Ende bleiben wird in alle Ewigkeit." Antwort: „Amen." . . . Und hierauf verfügten sich ihre königliche Majestät, von Kur-Trier und den assistierenden Bischöfen begleitet, wiederum in ihren Betstuhl. Und Kur-Pfalz brachte die Krone; die nahm ihre Majestät und gab sie Kur-Trier, welcher diese ihrer Majestät aufs Haupt setzte.

Nach vollendeter Messe haben beide Geistlichen Herren Kurfürsten unter Begleitung der assistierenden Bischöfe und anderer Geistlichen ihre königliche Majestät (welcher von den beiden Erbämtern das Zepter und den Apfel wieder in die Hände genommen) auf der, wie berichtet, nebenseits aufgeschlagenen Brücke und Bühne, zum Stuhl und Thron in zierlicher Prozession geführt. Dabei sind die Kur-Bayerischen, Sächsischen und Brandenburgischen Gesandten, auch Kur-Pfalz in Person, gemäß ihrer Ordnung, der Erbmarschall aber mit dem Schwert in der Scheide, zunächst vorangegangen. Währenddessen wurde von der Kapelle das Responsorium gesungen: „Meines Herzens Wunsch" (Ps. 21, 3) usw. Und so wurde ihre königliche Majestät auf den hergerichteten Stuhl gesetzt und inthronisiert, der anstelle des Stuhls Karls des Großen in Aachen hingestellt war. Das geschah durch die geistlichen Kurfürsten im Beisein der weltlichen (also Pfalz und Bayern zur Rechten, zur Linken: Sachsen und Brandenburg; Kur-Mainz und Kur-Trier aber samt den Bischöfen sind davor und darum gestanden). Dazu hat der Consecrator diese Worte gesprochen: „Bewahre den Ort der Könige und halte ihn fest, welcher nicht durch Erbrecht, nicht durch die Nachfolge des Vaters, sondern, wie du weißt, durch die Abstimmung der im Reich Deutschlands erwählten Fürsten dir anvertraut ist" (Anmerkung: Jetzt erst folgt das Thronsetzungsgebet wörtlich dem „Mainzer Ordo"), „besonders durch die Autorität Gottes des Allmächtigen und unsere hier gegenwärtige Tradition, nämlich die der Bischöfe und übrigen Diener Gottes. Und so, wie du beachtest, daß der Platz des Klerus näher bei den heiligen Altären ist, so wirst du eingedenk sein, ihm eine größere Ehre zu erweisen. Denn der Mittler zwischen Gott und den Menschen (vgl. 1. Tim 2, 5) möge bekräftigen, daß du auf diesem Thron des Reiches ein Mittler zwischen Klerus und Volk seiest und er möge bewirken, daß du im ewigen Reich mit ihm herrschest, Jesus Christus unser Herr, der König der Könige und Herr der Herren, der als Gott mit Gott dem Vater und dem heiligen Geiste lebt und regiert von Ewigkeit zu Ewigkeit." Antwort: „Amen."

Und als die königliche Majestät dort auf dem Stuhl saß, wurde das „Herr Gott, dich loben wir" (Te Deum laudamus) von einem Vers zum andern durch die Kantorei gesungen, georgelt und dazu mit großem Schall durch die Trompeter (deren über sechzig dort gewesen sein sollen) geblasen, gepaukt (wiewohl uns wunder genommen:

ohne ein Vivat-Geschrei). Auch wurde durch die Musketiere und die wehrhafte Bürgerschaft, welche unter etlichen Fähnlein vor der Kirche warteten, wie nicht weniger aus vielen groben Stücken ansehnliche Salven geschossen.

Darauf hat der Herr Erzbischof und Kurfürst von Mainz ihrer königlichen Majestät wie sie da saßen, im Namen der Kurfürsten Glück gewünscht, ungefähr mit folgenden Worten: „Allergnädigster Herr. Nachdem eure königliche Majestät durch Schickung und Gnade des Allmächtigen, auch unserer der Kurfürsten einhellige Wahl zu der Ehre und Würde des königlichen Namens und Gewalt erhoben und gesetzt worden sind, und nunmehr darauf ihre königliche Krönung mit gebührlichen, ehrlichen, löblichen Zeremonien empfangen haben, sind wir so viel mehr erfreuet, als wir dessen bis hierher mit ganzem Gemüt begierig gewesen sind. Wir wünschen demnach eurer königlichen Majestät ein langwieriges Regiment, Gesundheit ihres Leibes und viel Glück aus der untertänig tröstlichen Hoffnung, es soll zuvörderst Gott dem Allmächtigen angenehm, der heiligen christlichen Kirche zur Ehre, auch zu Trost und Mehrung deutscher Nation und des heiligen Reiches gereichen und gedeihen.

Wir befehlen demnach eurer königlichen Majestät hiermit das heilige Römische Reich, uns und alle Fürsten und seine anderen Stände, in Untertänigkeit darum bittend, daß eure königliche Majestät uns und sie in gnädigem Befehl haben und unser allergnädigster Herr sein und bleiben wollen . . .“

Literatur

(Nur die in diesem Buch berücksichtigten Schriften sind genannt.)

1. *Allgemeinhistorische und kirchenhistorische Untersuchungen der Reichskrone*

Wichtige Anregungen verdankt die Forschung nach 1945 dem Karlsruher Buchhändler und Laienforscher A. Bühler, u. a. seinem Aufsatz: Die alttestamentliche Deutung der deutschen Reichskrone, in: Das Münster 5, 1952, S. 332–338. Grundlegende Studien: H. Decker-Hauff, Die „Reichskrone", angefertigt für Kaiser Otto I., in: P. E. Schramm, Herrschaftszeichen und Staatssymbolik II, Stuttgart 1955, S. 560–637. – P. E. Schramm, Otto I. 1962 in Rom: miro ornatu novoque apparatu susceptus – das erste Wortzeugnis für die „Reichskrone". In: Kaiser, Könige und Päpste, Band 3, Stuttgart 1969, S. 185–199. – R. Staats, Theologie der Reichskrone. Ottonische „Renovatio Imperii" im Spiegel einer Insignie (Monographien zur Geschichte des Mittelalters 13), Stuttgart 1976. – Ders., Die Wiener Reichskrone. Christliches Symbol gegen deutschen Mythos, in: Hans Heinrich Schmid (Hg.), Mythos und Rationalität, Gütersloh 1988, S. 265–286 (im vorliegenden Buch stütze ich mich hauptsächlich auf diese früheren Arbeiten. Doch sind hier neuere Erkenntnisse, besonders im 8. und 9. Kapitel, hinzugekommen, Hinweise von H. Hattenhauer, F. Krummacher, H. Seyffert, Kiel, G. Wolf, Heidelberg, und H. Zimmermann, Tübingen, waren weiterführend). – Zur Bibelexegese in Theologie und Kunst der karolingisch-ottonischen Zeit ist besonders hinzuweisen auf: J. Rathofer, Der Heliand. Theologischer Sinn als tektonische Form, Köln-Graz 1962. - G. Kretschmar, Die Offenbarung des Johannes. Die Geschichte ihrer Auslegung im 1. Jahrtausend (Calwer Theologische Monographien 9), Stuttgart 1985.

2. *Kunsthistorische Untersuchungen der Reichskrone*

Maßgeblich bleiben die Untersuchungen von H. Fillitz, besonders: Die Krone des Heiligen Römischen Reiches. Zur Rekonstruktion der ursprünglichen Form. In: Festschrift für K. H. Usener, Marburg 1967, S. 21–26. - Ders., Die Schatzkammer in Wien. Symbole abendländischen Kaisertums, Salzburg 1986. - Problembeladen ist die Untersuchung von E. E. Rosenthal, Die „Reichskrone", die „Wiener Krone" und „die Krone Karls des Großen" um 1520, in: Jahrbuch der Kunsthistorischen Sammlungen in Wien 66, 1979, S. 7–48. - Eine neueste rein archäologische Untersuchung möchte die Reichskrone in die frühe Salierzeit datieren: M. Schulze-Dörrlamm, Die Kaiserkrone Konrads II. (1024–1038). Neue Untersuchungen zu Alter und Herkunft der Reichskrone, Sigmaringen 1991. Es sind erhebliche Zweifel angebracht, ob sich diese rein archäologische, den geistig-theologischen Gehalt und damit auch die ottonischen Textquellen außer Acht lassende Untersuchung durchsetzen wird. Immerhin werden stilistische Zusammenhänge mit Kunstwerken aus ottonischer Zeit nicht ausgeschlossen.

3. *Der Waise*

Kein einzelner Edelstein der Weltgeschichte hat in der Wissenschaft bisher eine so breite Diskussion hervorgerufen wie der verlorengegangene und wohl schönste Stein in der Reichskrone. Außer Staats (s. o.) siehe besonders: F. Ranke, Der Waise in der deutschen Krone, in: Mitteilungen des Instituts für österreichische Geschichte 58, 1950, S. 735–738. - P. E. Schramm, Der „Waise" in der Wiener Krone, in: ders., Herrschaftszeichen und Staatssymbolik III, Stuttgart 1956, S. 803–816. - H. Herkommer, Der Waise, aller Fürsten leitesterne, in: Deutsche Vierteljahrsschrift für Literaturwissenschaft und Geistesgeschichte 50, 1977, S. 44ff. - Gunther Wolf, Der „Waise". Bemerkungen zum Leitstein der Wiener Reichskrone, in: Deutsches Archiv für Erforschung des Mittelalters 41, 1985, S. 39–65.

4. *Die Reichskrone und andere Nationalsymbole in der Geschichte von Politik und Recht*

N. Grass, Reichskleinodienstudien aus rechtshistorischer Sicht (Sitzungsberichte d. Österr. Akademie d. Wissenschaften, Phil.-hist. Kl. 248/4), Wien 1965. – F. Ramjoué, Die Eigentumsverhältnisse an den drei Aachener Reichskleinodien, Stuttgart 1968. – Die Stellung der Reichskrone in der Politik- und Rechtsgeschichte, aber auch ihre kirchenhistorischen Bezüge, werden in einer handlichen Einführung dargestellt von G. J. Kugler, Die Reichskrone (1968), 2. neubearbeitete und ergänzte Auflage, Wien 1986 (bleibende Bedeutung hat besonders das Schlußkapitel: Die Reichskrone als „Krone des Hauses Österreich", S. 73–131). – D. Leistikow, Aufbewahrungsorte der Reichskleinodien in Staufischer Zeit, in: Burgen und Schlösser, Zeitschrift der Deutschen Burgenvereinigung e. V., 1974/II, S. 3–19. – H. Hubmann/G. Trost, Das heilige römische Reich deutscher Nation, Wien 1984.

Allgemein zu Nationalsymbolen in der deutschen Geschichte: H. Meyer, Die rote Fahne, in: Zeitschrift der Savigny-Stiftung für Rechtsgeschichte 50, 1930, S. 310–353. – L. Buschkiel, Die deutschen Farben von ihren Anfängen bis zum Ende des zweiten Kaiserreiches, Weimar 1935 (S. 17ff.). – Einen umfassenden Überblick und Erklärung bietet H. Hattenhauer, Deutsche Nationalsymbole (1984), 2. erw. Aufl. München 1990. – Zur Diskussion um eine neue „Reichsfahne" in den Verhandlungen des Hauptausschusses des Parlamentarischen Rates zur Vorbereitung des Grundgesetzes (4. und 5. Sitzung 1948) siehe: Jahrbuch des öffentlichen Rechts der Gegenwart. Neue Folge 1, 1951, S. 211–217.

5. *Der Krönungsgottesdienst in Mittelalter und Neuzeit*

U. Stutz, Der Erzbischof von Mainz und die deutsche Königswahl, Weimar 1910. – E. H. Kantorowicz, Laudes Regiae. A study in liturgical acclamations and medieval ruler worship, Berkeley/Los Angeles 1946. – R. Elze, Die Ordines für die Weihe und Krönung des Kaisers und der Kaiserin, Hannover 1960. – C. Vogel und R. Elze (Hgg.), Le Pontifical romano-germanique de Xe siècle, 3 Bände, Vatikanstadt 1963, 1966, 1972. – P. E. Schramm, Der Ablauf der deutschen Königsweihe nach dem „Mainzer Ordo" (um 960), in: ders., Kaiser, Könige und Päpste, Band 3, Stuttgart 1969, S. 87–103. – H. J. Berbig, Der Krönungsritus im Alten Reich (1648–1806), in: Zeitschrift für bayerische Landesgeschichte 38, 1975, S. 639–700 (Verfasser dankt H. J. Berbig für die Vermittlung der hier zum Schluß vorgestellten Relatio der Nürnberger Krondeputierten Löffelholz und Kreß über die Krönung Ferdinands IV. 1653 in Regensburg aus dem Bayerischen Staatsarchiv Nürnberg, Rep. 67, Nr. 25, Blatt 24–48). – H. Heimpel, Königliche Evangeliumslesung bei königlicher Krönung. In: Festschrift Friedrich Kempf, Sigmaringen 1983, S. 447–459; ders., Königlicher Weihnachtsgottesdienst im späteren Mittelalter. In: Deutsches Archiv für Erforschung des Mittelalters 39, 1983, S. 131–206. – Janos M. Bak (Hg.), Coronations. Medieval and early modern monarchic ritual, Berkeley 1990.

6. Deutsche Reichsidee im 19. und 20. Jahrhundert

H. Heimpel, Deutschlands Mittelalter – Deutschlands Schicksal, Freiburg 1933. – Hermann Ehlers, Der Reichsgedanke heute (Ansprache am 18. 1. 1953 in Berlin), in: Lagerfeuer 1953, S. 265–276. – R. Wittram, Das Nationale als europäisches Problem, Göttingen 1954. – K. Sontheimer, Antidemokratisches Denken in der Weimarer Republik, München 1962. – L. Tittel, Das Niederwalddenkmal 1871–1883, Hildesheim 1975.

7. Philosophisches und Theologisches zu den Begriffen Symbol und Mythos

Paul Tillich, Das religiöse Symbol (1930), in: ders., Ges. Werke 5, Stuttgart 1978, S. 196–212. – E. Panofsky, Meaning in the visual arts, New York 1955. – E. Bloch, Prinzip Hoffnung, Frankfurt/M 1959. – R. Volp, Das Kunstwerk als Symbol. Ein theologischer Beitrag zur Interpretation der bildenden Kunst, Gütersloh 1966. – J. Scharfenberg und H. Kämpfer, Mit Symbolen leben. Soziologische, psychologische und religiöse Konfliktbearbeitung, Olten 1980. – Kurt Hübner, Die Wahrheit des Mythos, München 1985. – Hans Heinrich Schmidt (Hg.), Mythos und Rationalität, Gütersloh 1988.

8. Kronen in aller Welt

H. Biehn, Alle Kronen dieser Welt, München 1974. – J. Abeler, Kronen. Herrschaftszeichen der Welt (1972), 6. Aufl. Wuppertal 1990. – E, Kovács/Z. Lovag, Die ungarischen Krönungsinsignien, Budapest 1980. – K. Benda/E. Fügedi, Tausend Jahre Stephanskrone, Corvina-Szeged 1988.

Abbildungsnachweis

Kunsthistorisches Museum Wien:
Abbildungen 1, 9, 11–15, 18, 21 und das Farbbild auf dem Umschlag.

Bildarchiv Foto Marburg:
Abbildungen 4, 10, 19 und 20.

Germanisches Nationalmuseum Nürnberg:
Abbildungen 16 und 17.

Generalsekretariat für die historische Ausstellung im Reichstagsgebäude in Berlin:
Abbildung 3.

Sächsische Landesbibliothek Dresden:
Abbildung 6.

Kronen- und Insigniensammlung Abeler, Wuppertal:
Abbildung 8.

Günther Neumann, Berlin-Neukölln:
Abbildung 5.

Dennis Whitehead, Arlington, USA:
Abbildungen 2 und 7.

Rudolf von Thadden

Weltliche Kirchengeschichte

Ausgewählte Aufsätze. 1989. 220 Seiten, kartoniert

»Weltliche Kirchengeschichte«? Die Kirchen wirken in der Welt, aber sind sie von ihrem Auftrag und Anspruch her nicht etwas anderes als »weltliche« Einrichtungen? Ja und Nein, denn sie sind nicht nur Träger ihrer Botschaft, und darum ist Kirchengeschichte mehr als Frömmigkeits- und Theologiegeschichte. Die Kirchen haben teil an den Bewegungen und Konflikten der säkularen Gesellschaft, sind in Politik verstrickt, unterliegen kulturellen Einflüssen. Solchen weltlichen Bezügen geht Rudolf von Thadden nach, und seine Aufsätze zeigen, wie ergiebig es ist, evangelische Kirchengeschichte als Teil der allgemeinen Geschichte zu behandeln.

Inhalt: Kirchengeschichte als Gesellschaftsgeschichte / Wahrheit und institutionelle Wirklichkeit der Geschichte / Luther in Preußen / Calvin und der Fortgang der Reformation im Reich / Die Fortsetzung des »Reformationswerks« in Brandenburg-Preußen / Die Hugenotten. Eine innovatorische Schubkraft in der Geschichte Brandenburg-Preußens? / Schleiermacher und Preußen / Protestantismus und Liberalismus zur Zeit des Hambacher Festes 1832 / Bismarck – ein Lutheraner? / Protestantismus und Demokratie bei Ernst Troeltsch.

Vandenhoeck&Ruprecht · Göttingen und Zürich